FUNFUN한 MZ부모 내비게이션

2

유아편

김진욱 이미애 안명옥 강은희 강은영 허현정
이미숙 김현진 이정미 유경량 인지선 공저

YANGSEOWON
양서원

머리말

이 책은 영유아동(0~18세) 자녀를 둔 부모들을 위해 유아교육을 전공하고 현장에서 교사로, 원장으로, 슈퍼바이저로 일하는 동안 내 아이보다 어린이집과 유치원의 아이들을 위해 더 헌신했던 유아교육 및 보육전문가들이 모여 집필한 책이다. 저자들은 일과 학업(석사 및 박사)을 병행하며 결혼, 임신, 출산, 자녀양육의 삶을 살아내었으며, 울고 웃었던 자신들의 수많은 양육 경험 속 현실적 어려움에 대해 그 누구보다도 공감하여 이 책을 집필하였다. 저자들은 유치원과 어린이집의 교사로, 원장으로 일하며 현장에서 매년 육아와 양육에 어려움을 토로하는 다양한 가정의 학부모를 만나고는 한다. 여기서 다양한 가정의 학부모란, 일반적인 아빠와 엄마, 자녀로 구성된 가정을 포함하여 미성년 부모가정, 한부모가정, 조손가정, 다문화가정, 장애가정, 학대가정, 빈곤가정, 시설 보호 등에서 부모의 역할을 포함하는 보호자를 포함한다. 저자들은 그들의 어려움에 함께 공감하고 위로하며 영아기 부모, 유아기 부모, 아동기 부모들이 직면한 문제들을 견디며 스스로 해결해 나갈 수 있는 역량을 키워나갈 수 있도록 지속적인 지원을 한 다양한 사례를 보유한 현장 전문가들이다.

뻔뻔한 부모에서 'FUN'은 명사로는 '재미, 즐거움을 주는 것', 형용사로는 '재미있는, 즐거운'이라는 의미의 단어지만, 이 책에서 'FUN FUN 하다'는 '뻔뻔(멀쩡하다, 뻔뻔스럽다, 염치없다)'과 라임을 같이하며 '재미있는 육아, 즐거운 양육'을 할 수 있도록 부모들에게 '내비게이션'의 역할 즉, 즐거운 육아를 위한 지침서, 불안한 육아가 아닌 당차게 부모의 역할을 하고자 노력하고 견디어 내는 부모를 위해 도움을 주는 지침서로서의 역할을 하고자 한다는 의미를 가지고 있다.

MZ세대는 'Millennial Generation'과 'Z Generation'이 합쳐진 합성어로, 각각 밀레니엄세대와 Z세대라고 한다. 전자는 1980년대 중반(1984~1985)부터 2000년대 초반(2003)까지 태어난 세대를 지칭하는 표현이며, 후자는 1990년대 중반(1994~1995)부터 2010년대 초반(2013)까지의 세대를 의미한다. 하지만 실제로 국외에서는 MZ Generation이라는 표현을 쓰면 아무도 알아듣지 못하며 오히려 한국에서 MZ세대라는 표현을 사용한다고 기사화되기까지도 한다. 다시 말해 이 책이 출간되는 시점에서의 MZ세대 나이는 1984년부터 2013년까지이나 실제의 의미는 현재 유아 자녀를 양육 중인 부모를 의미한다.

내비게이션은 지도를 보이거나 지름길을 찾아 주어 자동차 운전을 도와주는 장치나 프로그램이다. 마찬가지로 이 책은 누구나 부모가 되는 것은 아니며, 아이를 출산하고 양육하며 부모로서 자기의 삶을 헌신하며 매년 아이의 나이만큼 부모도 내 아이와 함께 성장하게 되는 여정의 길을 안내하는 가이드를 의미한다. 주 저자들은 유아교육과 보육 전공자들의 취업진로서

『초임교사 내비게이션』, 국가자격을 취득하고 각 연령별 학급담임으로 필요한 실무내용을 표집하여 구성한 『학급운영 내비게이션(만 0~5세 연령별)』, 교사에서 원장으로의 성장과 도전을 지원하는 『예비원장 내비게이션』을 출간하였다. 이 내비게이션 시리즈는 저자들이 초임교사에서 전문가로 성장하며 그들 자신도 초보 부모에서 성인기 자녀들을 양육해 내기까지 매년 새롭게 부모로서의 경험을 켜켜이 쌓아 왔기에, 현재의 부모들에게 들려주는 실패와 성공의 경험이며, 이제 내 아이를 다시 키운다면 '이렇게 하고자 하는 소망'과 '그때에도 이것을 알았더라면'이라는 내용으로 각 장의 주제를 선정하고 실제적인 내용들을 정리하여 구성하였다.

꼭 유아교육 전공자가 아니더라도 손에서 가볍게 들고 읽을 수 있고 인터넷에 흩어져 있는 다양한 정보들을 QR코드로 제시하여 양육의 어려움을 지지하기 위해 1부는 '생애초기의 완성', 2부는 '건강하게 자라기', 3부는 '다양한 세상 만나기', 4부는 '더불어 함께 성장하기'로 구성하였다. 1부는 자율성 "스스로 성장하는 아이", 주도성 "오늘밤 주인공은 나야!~ 나!", 우리 아이의 기본생활습관 "스스로 잘하는 아이"로 구성하여 무엇보다도 생애초기 발달과 생활습관의 반복성에 대한 내용으로 구성하였다. 2부는 건강하게 자라기 위한 우리 아이의 식생활습관 "몸도 마음도 건강한 우리 아이", 수면 과학 "꿀잠이 아이들을 찾아오도록 만드는 수면 과학"으로 구성하였다. 3부는 다양한 세상과 만나며 성장하는 유아기 경험에 대한 내용을 구성으로 한 미디어 "놀자~ 미디어와 함께", 예술과 창의성 "창의성이 완성되는 시기", 성 행동 "평생의 성 인식이 자라는 시기"로 아이와 함께 성장하며 당면하게 되는 상황도 결국 피할 수 없는 자녀의 성장과정임을 부모가 인지하도록 구성하였다 마지막으로 4부 더불어 생활하기는 유아의 또래관계 "너랑 안 놀아?", 꼬꼬무 아버지 양육의 힘 "지금은 아빠 육아의 전성시대"에 대한 내용으로 부모를 떠나 친구에게 관심을 갖는 사회성과 인간관계의 힘을 키워주는 아버지를 통한 정서교육의 내용으로 구성하였다.

부모는 현재 당면한 문제로 늘 불안하다. 내가 잘못해서 우리 아이에게 해가 되지는 않을지, 이 선택으로 인해 내 아이에게 미칠 부정적 영향은 없는지, 그 무엇을 선택한다고 할지라도 무엇 하나 딱 떨어지게 잘했다, 잘 키웠다 평가받을 수 없다는 것을 알기에 늘 불안한 것이다. 하지만 부모는 늘 그 순간에 최선이다. 무엇 하나라도 나보다는 우리 아이가 더 우선되고 더 귀한 존재가 되도록 헌신한다. 이미 이 책을 손에 들고 더 좋은 부모로 성장하기 위한 소망이 있는 당신이 그러하다. 부디 이 책이 저자들의 경험에서 들려주는 친정 언니 같고 누나 같은, 나의 형제인 형이나 동생이 소곤소곤 나눠주는 삶의 지혜의 비법서가 되기를 바라는 마음이다.

끝으로 내비게이션 시리즈의 취지를 이해하고 초임교사, 담임교사, 예비원장, 초보 부모들을 위한 실무서를 출간하기까지 아낌없는 도움을 주신 양서원 관계자분들에게 깊은 감사를 드린다.

2025년 3월

저자 일동

목차

PART 1 생애초기의 완성

Chapter 1 자율성 "스스로 성장하는 아이" 13

들어가기 우리 아이 자율성이 궁금해요? 15

살펴보기 우리 아이 스스로 도전하나요? 16

함께하기 내 삶에 적용해 볼까요? 24

참고문헌 29

Chapter 2 주도성 "오늘밤 주인공은 나야!~ 나!" 31

들어가기 우리 아이는 무엇이든 거침없이 손을 드나요? 33

살펴보기 주도성은 왜 중요할까요? 34

함께하기 내 삶에 적용해 볼까요? 40

참고문헌 44

Chapter 3 우리 아이의 기본생활습관 "스스로 잘하는 아이" 45

들어가기 어떤 습관을 길러줘야 하는지 잘 모르겠다고요? 47

살펴보기 기본생활습관은 왜 중요할까요? 48

함께하기 내 삶에 적용해 볼까요? 55

참고문헌 60

PART 2 건강하게 자라기

Chapter 4 우리 아이의 식생활습관 "몸도 마음도 건강한 우리 아이" 65

들어가기 우리 아이 어떻게 잘 먹을 수 있을까요? 67

살펴보기 밥상머리 교육은 왜 중요할까요? 68

함께하기 내 삶에 적용해 볼까요? 77

참고문헌 81

Chapter 5 수면 과학 "꿀잠이 아이들을 찾아오도록 만드는 수면 과학" 83

들어가기 우리 아이들에게 잠은 왜 중요할까요? 85

살펴보기 우리 아이가 잠을 안 자면 어떤 일이 일어날까요? 86

함께하기 내 삶에 적용해 볼까요? 95

참고문헌 101

PART 3 다양한 세상 만나기

Chapter 6 미디어 "놀자~ 미디어와 함께" 105

들어가기 매일 놀기만 하는데 괜찮을까요? 107

살펴보기 놀기만 해도 괜찮을까요? 108

함께하기 부모는 어떻게 생활 속에서 실천해야 할까요? 122

참고문헌 124

Chapter 7 예술과 창의성 "창의성이 완성되는 시기" 127

들어가기 유아에게 예술이란 무엇을 의미하는 걸까요? 129

살펴보기 유아에게 예술은 어떻게 작용하는 걸까요? 130

함께하기 내 삶에 적용해 볼까요? 144

참고문헌 148

Chapter 8 성 행동 "평생의 성 인식이 자라는 시기" 149

들어가기 유아의 성(性) 행동이 무엇인가요? 151

살펴보기 유아의 성(性) 행동, 무엇이 가장 중요할까요? 152

함께하기 성(性) 행동 문제가 발생하면 어떻게 하죠? 159

참고문헌 166

PART 4 더불어 함께 성장하기

Chapter 9 유아의 또래관계 "너랑 안 놀아?" 171

들어가기 또래와 잘 사귈 수 있을까요? 173

살펴보기 또래관계에서 사회성이 중요한가요? 174

함께하기 내 삶에 적용해 볼까요? 184

참고문헌 189

Chapter 10 꼬꼬무 아버지 양육의 힘 "지금은 아빠 육아의 전성시대" 191

들어가기 나는 좋은 아빠인가? 193

살펴보기 아빠의 선택은 무엇인가? 194

함께하기 더불어 살아가는 아빠 210

참고문헌 211

CHAPTER 1 _ 자율성 “스스로 성장하는 아이”

CHAPTER 2 _ 주도성 “오늘밤 주인공은 나야!~ 나!”

CHAPTER 3 _ 우리 아이의 기본생활습관 “스스로 잘하는 아이”

PART 1

생애초기의 완성

CHAPTER

1

자율성

"스스로 성장하는 아이"

들어가기 우리 아이 자율성이 궁금해요?

우리 아이 너무 사랑스러운데 뭐든
엄마 아빠에게 너무 의존하려고 해요.
그리고 가끔은 부모인
엄마 아빠의 눈치를 살피곤 해요.

스스로 하려고 하지 않는 우리 아이
어떻게 도와줘야 할까요?

내 아이의 자율성은 잘 길러지고 있을까요?

그런데 자율성이 뭔가요? 자율성이 궁금하네요!

내 아이에게 자신감을 심어주고 싶은데 어떻게 해야 할까요?

박사님! 자율성 발달이 궁금해요~

우리 아이는 의존적인가요?
자신감이 넘치나요?

우리 아이 발달단계 과업인
자율성과 수치심 발달이 궁금해요!

엄마, 아빠의 양육태도가 자율성 발달에
영향을 주나요?

자율성을 키워 줄 수 있는 방법은 있을까요?

이정미 박사

살펴보기 우리 아이 스스로 도전하나요?

"내가 할 거야!"
VS
"나는 못해."

우리 아이가 혹시 이렇게 말한 적이 많이 있나요?

표현되는 말은 다르지만 모두 우리 아이의 **마음**을 나타내는 말이에요.

Q1 '자율성'이란 무엇인가요?

자율성이란 남에게 의지하지 않고
자신이 **스스로** 생각해 결정하고 행동할 수 있는 **힘**을 말해요.

사회심리학자 에드워드 데시(Edward L. Deci)는 자율성이란 자신이 행동의 주체자로서 자유의지를 갖고 행동하는 것이라고 말했어요.
여기서 자유의지를 갖고 행동한다는 것은 개인이 정한 목표와 가치에 따라 스스로의 행동을 조절하고 적용하여 상황에 맞게 통제하고 조절하고 적용시키는 능력이라고 볼 수 있어요.

자율적인 아이

QR Code로 영상을
시청해 볼까요?

동영상 자율적인 아이

Q2 '자율성' 발달이 궁금해요?

아이의 자율성은 저절로 자라지 않아요.
꽃씨를 뿌리고 매일 물을 주듯이 엄마 아빠와 아이가 상호작용하며 서서히 키워나가야 해요!

아이들은 0~1세 동안의 발달을 토대로 18개월쯤부터 자립심을 드러내기 시작한다고 해요. 영아들은 0~1세 동안의 신체운동능력을 기초로 한 경험과 양육자의 사회 · 정서적 수용에 대한 경험이 중요해요. 이 경험은 어떤 일이든 스스로 해내려고 여러 번 연습하고 반복하는 자유의지가 통합되어 자율성 발달의 기초가 되지요.

조금 더 성장한 2~3세 시기는, 자신의 이름을 사용하는 것과 같은 자아인식 행동을 하며 다른 사람과의 관계에서 자아에 대한 통제력을 수립하려고 노력하면서 '**자율성**'이 출현해요.
이 시기는 스스로 하려는 **독립적인 욕구**와 함께 엄마 아빠가 안정적으로 제공하는 심리적 · 정서적 안전을 유지하려는 **의존심**을 동시에 지녀요. 이런 상반된 욕구는 부모의 권위에 순응하면서도 "싫어, 안 해", "내가 할 거야"라고 자기주장을 강하게 표현하는 힘이 돼요.

자기조절능력이란?

QR Code로 영상을 시청해 볼까요?

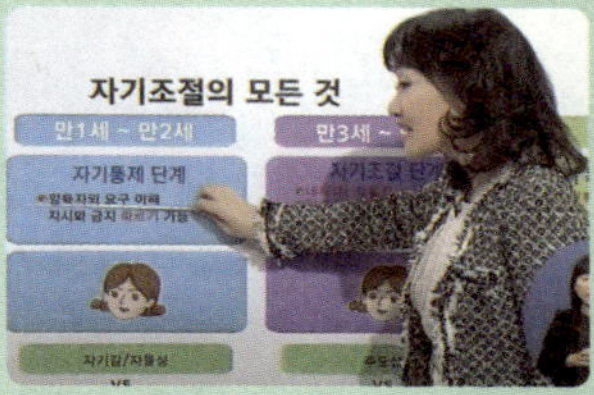

동영상 자기조절력

발달심리학자 에릭슨(Erikson)은 심리사회발달 이론에서 **'자율성'**을 1~3세 시기의 **발달과업이라고 말했어요.** 이 시기 자율성을 획득하느냐의 여부가 **자율적이고 창의적인** 사람으로 성장하는가, 아니면 의존적인 사람으로 성장하는가에 영향을 준다고 해요. 에릭슨은 자율성을 획득하지 못할 때 **수치심**을 느낀다고 주장했어요.

스카하라 유코(2011)는 자율성을 만드는 세 가지 욕구에 대해 이야기했어요.

첫 번째는 **능력에 대한 욕구**예요. 이는 말 그대로 유능해지고 싶은 욕구죠. '유능감이란 자신에게 일어나는 모든 상황에 대해 잘 대처할 수 있다는 느낌이죠.' 처음 하는 놀이나 조작 방법도 잘할 수 있다고 생각하는 것으로 유능감이 쌓일수록 아이는 마음속에 자신감이 자라요.

두 번째는 **자율에 대한 욕구**예요. 이는 자기의 행동은 자신의 의사에 따라 결정하고 싶다는 자기결정 욕구예요. 이 자율에 대한 욕구는 아이가 자신의 기분을 스스로 관리하는 자기조절의 기본이 된다고 해요.

세 번째는 **관계에 대한 욕구**예요. 이는 다른 사람과 관계를 유지하고 싶은 욕구예요. 즉 다른 사람에게 사랑받고 인정받고 싶은 마음이에요. 인간은 주변 사람들로부터 자신의 존재를 인정받고 제대로 평가받을 때 안심하고 살아간다고 해요. 따라서 관계에 대한 욕구가 채워지지 않으면 최소한의 생활마저 위협받는 중대한 위기에 놓일 수 있어요.

[사례]
아이가 스스로 하려고 할 때, 부모가 격려하고 지지하느냐, 아니면 불안한 표정으로 그 시도를 꺾거나, 능력에 대해 불신으로 창피를 주면, 아이는 스스로 하려고 하는 도전을 하지 않아요.

이처럼 '자율성'은 기본적인 욕구이자 능력인 동시에 성격적 특성이며 결정적이거나 고정된 것이 아니라 환경과의 상호작용을 통해 개발될 수도 있고 저해될 수도 있어요.

Q3 자율성 VS 수치심에 대해 조금 더 알아볼까요?

출처: 교육부(2017). 유치원학부모협력연수프로그램 부모교육자료.

에릭슨(Erikson)은 우리가 살아가면서 시기별 성취해야 할 발달과업이 있다고 생각했어요. 그 이론을 에릭슨의 심리사회적 발달단계 이론이라고 부른답니다. 에릭슨은 각각의 특정 시기에 심리사회적 위기를 경험하고, 이 위기를 잘 극복해야 긍정적인 자아개념을 배워갈 수 있다고 했어요. 각 단계에 맞는 과업을 성취했을 때에는 다음 단계로 넘어가기가 수월하지만, 만약 한 부분에서라도 문제가 생기게 되면 제대로 된 과업 달성에 실패했기 때문에 다음 단계로 넘어가기가 어렵고 넘어가더라도 그 단계를 제대로 달성시키기가 어렵다고 보았어요. 그렇기 때문에 아이들이 각 시기에 맞는 과업들을 잘 수행할 수 있도록 양육자가 도와주어야 해요. 에릭슨이 제시한 심리사회적 발달단계의 8단계는 다음과 같아요. 현재 1~3세는 **자율성 대 수치심**의 시기라고도 볼 수 있어요.

이 시기 초기는 아이들이 배변훈련을 하는 시기이기도 하고, 자아가 점점 커지면서 스스로 무언가를 해내려는 욕구가 강해져요. "내가! 내가!", "내가 할 거야", "내 거야"라고 말하며 자신의 의지를 표현하면서 시도하고 도전하려고 해요. 이런 아이들의 변화에 양육자들은 난감해 하기도 하고 고집이 세졌다고 생각해요. 조금 더 어렸던 0~1세인 신뢰 대 불신감의 시기에는 배고프다고 울면 양육자가 젖병을 물려주면서 해결되었지만, 아이들은 성장하면서 이제는 나 혼자서 해볼 수 있겠구나를 경험하면서 **자율성과 독립성**이 자라기 시작한다고 볼 수 있어요. 그런데 이때 양육자가 과잉보호로 다 해주고, "안 돼"라고 말하거나 아이가 혼자서 하려고 하다가 실수했을 때 "넌 그런 것도 못하니"라는 시선으로 쳐다본다든지 하면 **수치심**이 들며 자기 의심이 생기기 시작해요. 즉, '나는 할 수 있는 게 없어', '못하는 사람인가 봐', '해도 안 될 거야'라는 자기 능력에 대한 의심과 회의가 커지게 되는데 이것이 수치심이에요. **수치심이란** 내가 나를 부끄러워하는 것, 다른 사람들을 볼 낯이 없거나 스스로 떳떳하지 못한 마음을 말해요.

자율성 대 수치감

QR Code로 영상을 시청해 볼까요?

동영상 자율성 대 수치감

이처럼 자율성 발달은 성인기에 갑자기 획득될 수 없어요. 영아기에서 유아기로 이어지며 발달하게 됩니다. 영유아들은 많은 부분 양육자나 성인에게 의존하지만, 대부분은 성장해 나가면서 자신을 조절하고 어떤 일들을 주도하면서 자율성을 키워나간다고 볼 수 있어요.

자율성이 잘 발달한 아이들은 정서표현 및 감정조절 능력이 뛰어나고 스스로 맡은 일에 책임을 다하면서 독립성을 갖추어 나가는 반면, **수치감이 형성된 아이들은** 규칙이 없이는 스스로 무언가를 시도해 보거나 성취하지 못하고 부모나 성인에게 의존하며 창의적인 사고와 행동을 하지 못하고 융통성 없이 행동하는 경향이 나타나기도 해요.

그렇다면 나는 자율성을 잘 발달시키는 부모인지 스스로 점검해 볼까요?

- 일상적인 일들을 엄마(아빠)가 많이 해주는 편이다.
- 생활규칙을 정하기는 하지만, 잘 지키지 않는다.
- 엄마(아빠)가 입히고 싶은 옷을 주로 골라서 입힌다.
- 놀이 시 엄마(아빠)가 거의 주도한다.
- 아이가 중간에 포기하려고 하면 그대로 나눈다.
- 쫓아다니면서 밥을 먹여준다.
- 잘못한다고 생각되면 바로 해결책을 제시해 준다.
- 공공장소에서 시끄럽게 뛰어다녀도 주의를 주지 않는다.

함께하기 내 삶에 적용해 볼까요?

Q4 자녀의 자율성을 키우는 환경 만들기

◆ **자녀의 자율성을 높이는 방법**

자녀가 스스로 하는 기회를 주세요	아이가 주변을 탐색하고 스스로 원하는 것이나 도전할 수 있는 것들을 해볼 수 있는 기회를 주세요. 무언가를 해내는 기쁨이 반복되면 자연스럽게 자율성을 키우게 됩니다. 이러한 경험이 성공적으로 반복된다면 이후에 스스로 행동을 수행하도록 난이도를 조정해 주세요 단, 너무 어려운 경험으로 실패와 좌절을 맛보지 않도록 조절해 주세요
	[사례] 출근 시간이 바쁜 아침 옷을 스스로 입겠다고 하거나, 어린이집 현관 초인종 버튼을 자기 혼자 누르겠다고 할 경우, 고집을 부리거나 떼를 쓰는 모습으로 보이지만 자율성이 길러지는 과정이에요. 아이가 스스로 하려는 행동을 지나치게 제한하면 아이는 의지를 잃게 되고 부모에게 의존적이거나 시도를 두려워할 수 있답니다.
"무조건 안 돼!"라고 하지 말아주세요	영유아기는 아이 스스로 하고 싶은 것 좋아하는 것에 대한 욕구가 강해지는 시기입니다. 아이의 행동이 안전하지 않다거나 부모의 생각과 다르다고 해서 "안 돼"라고 하지 말아주세요. 아이 스스로 생각하고 행동하려는 의지를 꺾을 수 있어요. 부모의 의견과 다르면 왜 그것이 하고 싶은지? 천천히 이야기를 들어주세요. 아이는 부모가 자신을 존중하고 인정하고 있음을 느끼게 될 때 자율성을 스스로 길러갈 수 있어요.
	[사례] 아이가 수저를 제대로 쥐지 않아 밥을 흘리며 먹으려고 할 때 "안 돼! 수저를 잘 못 잡았잖아"라고 큰 소리를 내기보다는 수저를 바르게 잡는 방법을 보여주거나 안내해야 해요. 이 시기에는 다양한 시도를 하고, 실수를 통해 잘못된 것을 알고 수정해 가는 과정을 경험하게 해야 해요.

아이가 자신을 긍정적으로 인식할 수 있도록 도와주세요	'아이가 아직 어리고 위험하니까? 걱정이 되어서'라는 생각이 아이가 할 수 있는 일들을 부모가 대신해주다 보면 아이가 자율성을 배울 수 있는 시기를 놓치게 됩니다. 우리 아이가 스스로 시도하는 과정, 결과들을 격려한다면 자신에 대해 긍정적인 인식과 스스로 사랑받는 존재라고 믿으면서 자율성을 키워갑니다.
	[사례] "00이가 스스로 신발을 잘 신을 수 있구나", "스스로 밥을 잘 먹을 수 있네", "00이가 엘리베이터 버튼을 누를 수 있게 되었네", "화장실에서 손을 깨끗이 씻을 수 있네" 등과 같이 아이가 스스로를 긍정적으로 바라볼 수 있도록 격려해 주세요.
끊임없는 아이 걱정, 조금씩 줄여주세요	현대사회의 부모는 걱정이 많아요. 특히 사회적으로 위험한 세상에 어린 자녀가 생활하고 있다는 것 자체만으로도 걱정이 되는 상황이에요. 특히 아이를 둘러싼 모든 상황을 위험으로 인식하여 지나치게 아이에 대한 걱정을 하는 경우, 부모 자신도 아이를 떼어놓기가 어려워 서로가 지나치게 의존하게 된답니다. 이 경우 아이는 부모로부터 독립하기 어렵게 되고 아이의 독립성과 자신감을 얻을 수 있는 기회를 빼앗게 되고 자율성이 낮은 아이로 성장하게 된다고 해요 자율성이 낮은 아이들은 의존적인 행동을 자주 보이고, 스스로 하고자 하는 의지가 부족하며 매사에 순종적이고 경계하며 머뭇거리고 부모가 없으면 불안해해요.
	[사례] 아이는 새로운 계획에 도전하지 않고 안전하고 제한적인 일만 하려고 하는 경향이 있어요. 새로운 상황에 놓이게 되면 "나는 못해"라는 태도를 보이고 다른 친구들이 먼저 하기를 기다리다가 마지못해 참여하는 경우가 많아요.

출처: 여성가족부(2020). 부모교육매뉴얼.

Q5 자율성과 주도성은 연관이 있나요?

에릭슨은 각 발달단계에 맞는 발달과업이 있고 이 발달과업들을 잘 이루어 갔을 때 다음 단계의 발달과업을 이루어 갈 수 있다고 보았어요. 이러한 발달과업은 서로 대립되거나 개별적인 것이 아니며 서로 통합되어야 최고의 성장을 이룬다고 보았죠. 유아기 시기에 스스로 하려고 하는 의지를 격려하고 지지해 준다면 자율성을 잘 발달시키게 되고 그 다음 단계 발달과업인 주도성을 키워갈 수 있는 힘이 생겨요.

주도성은 2장에서 이미애 박사님의 이야기를 통해 더 자세히 알아보아요.

아이들은 실패하면 왜 도전하기가 두려울까요?

유아는 다양한 놀이를 통해서 자기가 할 수 있다는 것을 알고 스스로 하고 싶은 욕구를 갖고 있어요. 이때 부모님이 아이가 스스로 하려고 하는 의지를 기다려주지 않고 간섭하거나 혹여나 다칠까 두려워 과잉보호를 한다면 아이는 수치심을 느끼게 되지요. 이렇게 자율성보다 수치심이 발달하게 되면 무언가 도전하는 것을 두려워하게 되고 자신의 실수에 관대하지 않은 사람으로 성장하게 돼요. 또한, 아이들이 세상을 살아가다 보면 때로는 어려움과 좌절들을 만나게 되고 실패를 하게 되면 그 두려움 때문에 다시 도전하기가 두려워져요. 그러나 이 실패를 딛고 일어나서 도전할 수 있도록 하는 힘은 바로 **자율성**이에요.

그러니 너무 위험한 상황이 아니라면 되도록 스스로 탐색하고 도전할 수 있도록 해주세요.
아이들은 놀이를 통해 자율성을 길러가요!
놀이를 하면서 아이들은 호기심을 가지고 탐색하고, 다양한 상호작용을 하며 세상을 능동적으로 바라보니까요!

그럼, 우리 아이가 자율성을 가진 아이로 성장하려면 자녀를 어떻게 도와야 할까요?
우선 자녀와 지내면서 아이가 좋아하는 일이 무엇인지 찾아보세요.
이제까지 바빠서 아이에게 세심한 관심을 기울이지 못했다면 아이와 함께 지내면서 아이가 좋아하는 놀이는 무엇인지 찾아보고, 아이가 좋하는 것을 찾았다면 작게라도 성취감을 맛볼 수 있게 도와주세요.
아이는 작더라도 잦은 만족감과 성취감을 체험시켜 준다면 아이는 무슨 일이든 스스로 하는 아이, 스스로 주도하는 아이로 성장해요.
아이들이 성장하는 데 있어서 **자율성**은 연관될 뿐만 아니라 인생을 살아가는 데 있어서 매우 중요한 힘이라고 볼 수 있어요.

◆ 자녀와 함께 볼 수 있는 책 소개

글: 장선환 / 그림: 장선환
출판사: 딸기책방

미운 세 살 아이는 무엇이든 자기 손으로, 자기 멋대로 하고 싶어해요. 하지만 정작 할 수 있는 일은 그렇게 많지 않아요. 미운 세 살의 첫 독립을 응원하고 지지하는 마음으로 만든 책

글: 박혜선 / 그림: 김준문
출판사: 크레용하우스

유치원과 어린이집에서 역할놀이에 대한 내용을 담은 동화책이에요. 자기 마음대로 친구들의 역할을 정해주어 친구들은 역할놀이가 즐겁지 않았어요. 친구들과 모두 사이좋게, 즐겁게 놀기 위해서는 어떻게 해야 하는지에 대한 내용이 담긴 책

글 · 그림: 배리 루트 번역: 이시영
원제: GUMBRELLA 출판사: 문학동네

요즘 부모들은 어디에서나 당당하고 독립심이 강한 아이로 키워내고 싶어 아이의 말을 모두 다 들어주다 보니 마구잡이로 떼를 쓰거나 뭐든 자기가 하겠다고 욕심을 부려요. 그럴 때 어떻게 해야 할까요? '내가 다 할 거야'는 그런 아이들에게 교훈을 주는 책

글: 최숙희 / 그림: 최숙희
출판사: 웅진주니어

세상 모든 것이 날마다 신기하고 즐거운 아기들은 새로운 것을 바로 따라해 보고, 또 스스로 해보면서 하나하나 세상을 배워가는 책

참고문헌

교육부 (2017). 유치원학부모협력연수프로그램 부모교육자료.

데시, 에드워드 L. (2006). Ryan, Richard M. (에디션). **자기 결정 연구 핸드북**. 로체스터 대학교 출판부.

스카하라유코 (2011). **내 아이의 의욕을 코칭하라**. 한문화.

엄마랑 아이랑 톡(talk) (2016). 주식회사 중앙교육.

여성가족부 (2020). 부모교육 매뉴얼.

Erikson, E. H. (1968). *The life cycle: Epigenesis of identity*. in Identity: Youth and crisis (pp. 91–141). New York: W. W. Norton.

| 동영상 |

만 1세 이전~만 2세 사이 아이들의 자기조절 능력
https://www.youtube.com/watch?v=1RNdvoSI1Xk

에릭슨 심리사회발달이론 2단계 자율성 대 수치감
https://www.youtube.com/watch?v=HkPr8LP_32c

우리아이 독립적이고 자율적인 아이로 키우려면 어떻게 해야 할까요
https://www.youtube.com/watch?v=o9gaQf_JfvE

이정미 사회복지전공 박사

상명대학교 행정학과 박사졸업
명지대학교 아동학과 박사수료
현, 구립 한빛어린이집 원장
한국건강가정진흥원 부모교육 전문강사
강의 요청 및 상담: ljm9009@naver.com

CHAPTER

2

주도성

"오늘밤 주인공은 나야!~ 나!"

들어가기 우리 아이는 무엇이든 거침없이 손을 드나요?

우리 아이는
하고 싶은 것은 많은 것 같은데

왜?

저요! 제가 할래요! 하고
손을 들지 못 할까요?

우리 아이는 무엇이든지 거침없이 시도하던 어린 영아기 시기가 있었어요. 그런데 어느 날부터 이상하게도 자기가 주목을 받게 되면, 부끄러움을 타기도 하고~ 어느 순간부터는 주인공이 되지 못하니까 안 하겠다고 한걸음 뒤로 빠져 버리고 "나는 이거 잘 못해!"라고 말하기도 해요. 우리 아이는 왜 자신감이 없어진 거죠?

박사님! 주도성 발달이 궁금해요~

1장에서 이정미 박사님이
들려준
자율성 이야기 잘 들으셨나요?

자율성은 주도성과 연결되는 마음인데,
자율성에 대해 정확하게 이해를 하셨다면,

우리 주도성에 대해서도
더 심도 있게 알아볼까요?

이미애 박사

살펴보기 주도성은 왜 중요할까요?

출처: pixabay.com

밝게 웃으며 환한 표정 속에서
자신의 유능함을 늘 확인하며
행복해하는 마음이 보이시나요?
주인공이 되었을 때
진정한 나 자신의 존재감에
더 기뻐할 수 있어요.

이정미 박사님이 소개해준 에릭슨의 이야기 잘 들어보셨나요? 에릭슨은 각 발달단계에 맞는 발달과업이 있고 이 발달과업들을 잘 이루어 갔을 때 다음 단계의 발달과업을 이루어 갈 수 있다고 보았어요. 즉 발달은 서로 대립되거나 개별적인 것이 아니라는 의미예요. 발달은 이전의 발달과 지금의 발달 수준이 앞으로의 발달과 서로 통합되어야 해요.

에릭슨은 성장은 신뢰를 형성해야 자율성을 획득하고, 자율성을 형성해야 주도성을 획득할 수 있다는 주장했어요. 주 양육자인 부모는 자녀의 유아기 시기에 스스로 하려고 하는 의지를 격려하고 지지해 준다면 자율성을 잘 발달시키게 도와주지요.

자율성이 획득된 자녀들은 그 다음 단계 발달과업인 주도성을 키워

가야만 정상적인 발달을 할 수 있어요. 그렇다면 주도성을 경험하도록 도움과 힘을 주는 역할은 누가 해야 할까요?

Q1 주도성이란 무엇인가?

주도성은
아이가 주도적 입장에 행동하고,
자기 스스로 생각하고 결정하며
그 결과에 대해 **책임질 수 있는 능력**을 말해요.
즉, 주도성은 자신이 하고 싶은 것을 계획하는 힘이죠,
또한 계획한 것을 혼자서, 혹은 다른 친구들과 함께 실행하며 성취해 가는 능력이에요.
이 주도성은 1장에서 살펴본 자율성과 깊이 관련이 있어요.

아동기는 1~4단계로 구분할 수 있어요!

1단계(0~1세) : 신뢰 대 불신

2단계(1~3세) : 자율성 대 수치심과 의심

3단계(3~6세) : 주도성 대 죄의식(죄책감)

4단계(6~12세) : 근면성 대 열등감

출처: pixabay.com

QR Code로 영상을
시청해 볼까요?

주도성

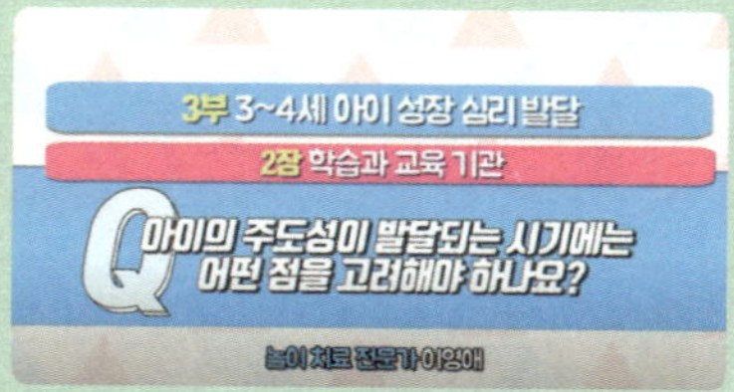

동영상 주도성이 발달하는 시기

Q2 우리 아이 행동은 어떻게 이해해야 할까요?

우리는 영아편 1장에서 애착에 대해서 살펴보았어요.

안정적인 애착을 형성한다는 것을 에릭슨은 신뢰감이 형성된다고 말하는 거지요.

아이는 부모를 통해 세상을 만나게 되는데, 안전하게 보호받으며 부모를 믿게 되지요. 나를 가장 사랑해 주고, 나에게 필요한 모든 것을 제공해 주는 부모를 통해 아이는 안정적인 정서를 갖추며 성장하는 거예요.

1장 이정미 박사님이 알려준 자율성에 대해서도 살펴보았구요.

3단계가 바로 주도성인데, 4~5세 유아기 아동은 내 몸의 신체에 관심이 많고 특히 성기에도 관심을 가져요.

이 시기는 프로이트가 주장한 3단계 시기로 남근기라고도 하지요.

이 시기부터 대부분 유치원이나 어린이집에 입학을 하고 부모나 가족을 벗어나 집보다는 조금 더 큰 사회를 만나요. 이때 아이는 스스로의 주체적인 존재로서 주도적이고 능동적인 삶을 경험하지만 아직은 미숙한 시기랍니다. 그렇기 때문에 옳고 그름을 잘 판단할 수 없어서 무엇인가 열심히 시도하고 활동하면서 틀릴 수도 있고, 친구에게 불편을 줄 수도 있고, 때로는 양심이 없는 행동을 할 수 있어요. 하지만 무엇인가를 스스로 해내면서 자기의 삶을 살아가기 위해 노력하는 시기라는 것이 매우 중요한 거예요.

이 시기에 아이를 지나치게 혼내거나 훈육을 통해 강하게 통제하게 되면 스스로 '나는 잘 하지 못하나?'라는 죄책감을 갖게 됩니다. 반면에 훈육하지 않거나 제대로 생활지도를 하지 않으면 소시오패스나 나르시시스트로 자라게 되기 때문에 유아기 자녀를 양육하는 부모의 특별한 주의가 필요해요.

주도성이 발달한 아이

QR Code로 영상을 시청해 볼까요?

동영상 주도성이 발달한 아이

Q3 주도성 대 죄책감

에릭슨은 남근기의 아동이 성에 대해 관심을 갖는 것은 무엇을 만들어내는 행동, 즉 목표를 형성하고 수행하고 경쟁하는 시기를 주도성이라고 했지요? 즉 주도성이란 유아가 주도적인 입장에서 자기세계를 구성하는 것으로 목표를 달성하기 위해서 얼마나 집중하고 노력하는가에 따라 주도성이 형성되는 것이지요.

유아는 자신이 계획과 희망이 이루어질 수 없다면 이것은 해서 안되고, 위험한 일이라는 것을 경험하게 되고 자기 억제의 기능을 발달시켜 죄의식을 형성해요. 이 시기의 환상적 형태는 나와 반대가 되는 성(性)의 부모를 소유하고 싶어하는 욕망이 있어요. 그래서 유아기는 현실적이고 사회적으로 허용된 목표를 달성하는 것을 통해 주도성이 형성되고 유아는 어른이 갖는 책임감과 도덕성에 대해서 발달시킬 수 있어요. 유아는 자신의 동성 부모에 대한 경쟁심을 성공적으로 해결하고 자신의 에너지를 그외의 다른 활동에 사용해야 하며 또래 아동들과 놀이를 통해 주도성과 능력을 개발할 수 있어요. 하지만 유아는 이성부모에 대한 환상을 갖는 것에 대해 죄책감을 느끼게 되고 관계를 형성하는 능력을 기를 수 없게 되지요.

4~5세 유아기는 놀이의 시기이기에 또래 친구들과 놀이하다가 가끔은 갈등이 발생하기도 해요. 혹은 유아는 친구의 마음을 끌기 위해

노력하며, 목적의 추구, 경쟁, 정복의 기쁨을 맛보기도 하지요. 남성성 혹은 여성성의 발달을 위한 관심이 생기고, 미래의 자기 정체성에서 중요한 부분인 성적인 자기개념이 발달하기도 해요.

반면 유아기는 급격히 발달한 신체능력과 상상력은 막연하면서도 두려운, 비밀스러운 환상을 불러일으키며 죄책감이 나타나는 시기죠. 죄책감은 경쟁 상대(이성 부모)를 따돌리려 하고 질투 어린 분노를 표현하거나, 어린 형제자매를 괴롭히는 것으로 나타나기도 해요. 자기보다 나이 많은 또래의 우월성에 경쟁심을 느끼기도 해요. 이러한 경쟁심이 결국은 유아의 입장에서 피할 수도 없고, 필연적인 실패는 죄책감과 불안으로 이어지는 거예요. 유아는 거인, 호랑이처럼 아주 힘센 존재가 되는 환상을 갖지만, 꿈속에서는 공포에 질려 목숨을 걸고 도망치기도 하지요. 이 시기는 자신의 능력과 가능성을 깨닫는 시기인 동시에 생명과 신체에 대한 공포를 느끼는 시기, 즉 '거세 불안'의 시기죠.

주도성의 큰 원천은 의식(conscience)이기에 유아는 이제 잘못된 행동을 남에게 들키는 것만을 두려워하지는 않아요. 유아는 자기 자신을 관찰하고 비판하는 '내적 목소리'를 듣게 되는데 이것이 바로 '초자아'예요. 초자아의 발달은 유아에게 새롭고 강력한 소외이면서 도덕성 발달의 초석이 되는 힘이랍니다. 그러나 에릭슨은 생명력 있는 성격이 잘 발달하려면 어른들이 초자아를 지나치게 강조하면 오히려 마음과 도덕성 발달에 좋지 않은 영향을 미칠 수 있다고 했어요. 그 이유는 유아가 부모의 말을 있는 그대로 받아들여 자신을 과도하게 억제하고 복종할 수 있기 때문이니 너무 옳은 것만을 강조하지 않기로 해요!

주도성 대 죄책감

QR Code로 영상을 시청해 볼까요?

동영상 주도성 대 죄책감

함께하기 내 삶에 적용해 볼까요?

Q4 자녀를 존중하는 부모의 양육태도

유아기는 사고능력과 호기심 등 인지능력이 성장하고, 목표를 가지게 되면서 장래희망도 생기며 자신의 것에 대해 관심과 책임을 가져요. 이때 유아의 행동을 자기중심적이고 공격적 행동으로 보고, 억압하고 처벌한다면 아이는 죄책감을 가지고 위축되므로 주 양육자는 유아의 호기심과 질문을 격려하는 것이 매우 중요해요!

주도성	부모가 아이의 호기심과 질문들을 격려하면 주도성 발달
죄책감	부모가 아이의 호기심과 질문들을 무시하면 죄책감, 무력감 형성

주도성이 있는 아이로 키우기 위해서 부모는 아이와 집 안에서만 있지 말고 밖으로 나가서 다양한 상황과 경험을 해볼 수 있게 도와주셔야 해요. 집 안에서, 집 밖에서의 자연스럽고 편안한 도전들은 사회적 약속, 규칙, 질서 등을 자연스럽게 경험할 수 있어요. 이러한 사회적 규범 속에서 반복적인 경험을 통해 아이는 옳고 그름의 기준을 알게 되고, 자연스럽게 내재화하는 연습을 할 수 있기 때문이지요. 4~5세 유아는 이런 사회적 규범의 내재화를 만들어주는 시기이기 때문에 바로 주도성을 경험해야 하는 이유가 되지요.

부모는 사회적 규범의 내재화를 위해서는 옳은 일은 칭찬을 많이 해주고 틀린 일에 대해서는 훈육을 해주셔야 해요. 훈육은 반드시 일관성 있는 판단 기준이 필요해요. 환경에 따라, 양육자에 따라 판단과 규칙이 달라지면 아이들은 혼란스러워하므로 주 양육자가 결정한 판단 기준에 맞게 주변의 성인들이 지지해 주어야 해요.

주도성 있는 아이들은 자율성을 획득했기 때문에 대체로 독립적이고 주도적으로 스스로 책임질 수 있어요. 뚜렷한 목표의식을 가지고 자기가 생각한 믿음대로 실행하기 때문에 자연스럽게 주도성은 배워나가게 되는 거예요.

죄책감을 느끼는 아이들의 특징은 어떠할까요?

첫째, 소극적인 아이로 자라게 돼요. 부모의 지나친 훈육으로 유아는 초기 경험의 시도에 대해 좌절하게 되면 주도성보다는 죄책감을 배우게 되지요. 틀리면 혼난다는 것을 학습하게 되면서 완벽해야 하고, 절대 스스로 실수를 받아들이지 못해, 자기를 통제하는 힘이 더 커지게 되지요. 완벽주의적인 생각에 갇히게 되면 스스로 자신감이 부족해지고, 모든 상황에 대해서 소극적인 모습을 보일 수밖에 없어요.

둘째, 시도는 하지만 대충하는 아이로 자라게 돼요. 죄책감이 높게 형성된 아이는 스스로 통제하기 때문에 무슨 일이든 의욕이 없거나 대체로 낮아요. 주도성이 없기 때문에 시키는 대로만 하려고 하지요. 혹은 기본적인 것은 할 수 있지만 대충 눈에 띄지 않을 정도로만 실행하기도 해요. 갑자기 집중을 받게 되면 스스로 두려움을 느끼게 되기 때문에 정해진 사회 속에서만 안정을 추구하며 지내는 편이에요.

불건전한 주도성은 부모가 자녀에게 잘못한 것을 정확하게 알려주지 않으면 아이는 맞고 틀리고에 대한 기준을 잘 배울 경험을 가질 수가 없어요. 자녀에게 한계를 설정하고, 하면 되는 일과 하면 안 되는 일, 옳고 그림을 알려주어야 해요. 그렇지 못하면 아이는 한계도 모르고, 안하무인에 버릇없는 아이로 자라게 됩니다.

건전한 죄책감이란, 이러한 실수를 경험하면서 자기 스스로 실수를 반성할 수 있고, 자기가 통제하지만 다시 시도해 보고 조절해 보려는 노력을 하게 되지요. 이렇게 자기 반성을 통해 용기를 얻고, 자아 통찰을 통해서 성장할 수 있는 기회로 생각할 수 있어요.

◆ 자녀와 함께 볼 수 있는 책 소개

글: 엘리자베스 드 랑빌리 / 그림: 마리알린 바뱅
출판사: 시공사

아이들이 생활 속에서 겪는 다양한 일들을 담은 생활 동화로, 날마다 크는 우리 아이들에게 격려와 위로를 전해 주며 '수영'을 할 수 있는 자신을 발견하며 성장의 기쁨을 소개하는 내용의 책

글: 크리스토프 르 만 / 그림: 마리알린 바뱅
번역: 이주희

아이들이 생활 속에서 겪는 다양한 일들을 담은 생활 동화로, 날마다 크는 우리 아이들에게 격려와 위로를 전해 주며 '유치원'에서 새로움에 도전하는 자신을 발견하며 성장의 기쁨을 소개하는 내용의 책

글: 엘리자베스 드 랑빌리 / 그림: 마리알린 바뱅
번역: 곽노경

아이들이 생활 속에서 겪는 다양한 일들을 담은 생활 동화로, 날마다 크는 우리 아이들에게 격려와 위로를 전해 주며 '혼이 나는 상황'에서 혼이 난 이유와 왜 규칙을 지켜야 하는지에 대해 소개하는 내용의 책

참고문헌

김진경 (2020). **유아발달**. 한국방송통신대학교 출판부.

임효진, 선혜연, 황매향, 여태철 (2023). **교육심리학**(개정판). 학이시습.

Erikson, E. (1968). *Identity: Youth and crisis*. New York: Norton.

| 동영상 |

에릭슨의 3단계 주도성 대 죄책감–만 3세~만 6세 아이들의 성장 과정
https://www.youtube.com/watch?v=Sr6223pA0lE

자기주도성이 발달한 아이, 부모가 어떤 영향을 주었을까요?
https://www.youtube.com/watch?v=YjZiSv5a5qE

주도성이 발달하는 시기, 양육자가 고려해야 할 모든 것
https://www.youtube.com/watch?v=Sxn9l93Q9ig

이미애 아동학 박사

명지대학교 대학원 아동학과 박사졸업
현, 마포구 육아종합지원센터 센터장
모아맘 보육재단 이사
강의 및 상담: 71namiae@hanmail.net

CHAPTER

3

우리 아이의 기본생활습관

"스스로 잘하는 아이"

들어가기 어떤 습관을 길러줘야 하는지 잘 모르겠다고요?

기본생활습관이 올바른 아이가
사회성도 좋다고요?
사회성을 키우기 위해서는 아이들이
일상생활에서 꼭 지켜야 할 기본생활습관을 배우고,
하나씩 실천하는 연습이 필요해요.
밥 먹기, 잠자기, 씻기, 정리정돈 등
아이들에게 꼭 필요한 좋은 습관은
어떻게 만들어 줄까요?

'세 살 버릇 여든까지 간다'라는 말이 있어요.

기본생활습관은 중요한 삶의 기술인데, 타이밍을 놓치면 쉽게 고쳐지지 않아요.

밥먹기, 씻기, 정리정돈, 예의, 질서 등 제대로 알려주고 연습해야 습관화가 될 수 있어요.

박사님! 기본생활습관이 궁금해요~

"아이 앞에서 찬물도 못 마신다!"

라는 말이 있듯이 어른의 행동이나 말은
자녀의 모델링이 된다고 하니
그만큼 중요하다는 말이겠지요.

강은영 박사

살펴보기 기본생활습관은 왜 중요할까요?

기본생활습관이 대부분 유아기에 형성된다고요?

코메니우스는 '어릴 때 굽은 나무는 곧게 되기가 힘들다'는 말로 유아기에 형성된 기본생활습관의 중요성을 이야기했어요. 또한 우리나라 속담 중에도 '세 살 버릇 여든까지 간다'라는 말이 있어요. 이 말은 유아기에 형성되지 못한 기본생활습관이 성인이 되었다고 하여 자연스럽게 형성되는 것은 아니라는 말이에요.
그럼 기본생활습관이 왜 중요한지 함께 알아볼까요?

스스로 해야 할 일, 청결하기, 계절에 맞는 옷 입기 등 일상생활에 필요한 기본생활습관이 유아기에 형성되지 못했다면 성인이 되더라도 올바른 생활습관을 지키기 어렵기 때문이에요.
에릭슨(Erikson)에 의하면 남근기에 해당하는 2~6세 유아의 경우는 자율성이 발달하는 시기예요. 이 시기에는 신체 성장과 근육운동의 발달로 자신의 신체를 통제하게 되고 자기 일은 스스로 할 수 있다는 생각을 갖게 되는 자조능력이 생긴다고 했어요. 자조(self-care)란 자기 힘으로 자기를 돕는 것을 의미해요. 습관은 사회적 상황에서 타인의 행동을 관찰하고 이를 모방함으로써 더 빨리 학습되고 있어요. 유아에게 있어서 관찰되는 모델은 강력한 영향을 미친다고 보고 있기 때문에 양육하는 부모의 역할은 매우 중요해요. 즉, 유아의 습관 형성에 있어서 유아가 관찰하는 모델의 영향을 가장 큰 요인으로 보기 때문에 부모가 알아야 할 요소들에 대해 이야기해 보고자 해요.

올바른 생활습관

QR Code로 영상을 시청해 볼까요?

EBS육아학교] 올바른 생활습관과 그 이유가 궁금해요. / EBS부모

동영상 올바른 생활습관

Q1 기본생활습관이란 무엇일까요?

기본생활습관이란 유아가 일상생활에서 기본적으로 지켜야 할 생활자세를 익혀서 습관화하는 것을 말해요. 인간은 태어나면서 가정과 사회의 집단 일원으로서 그 사회의 고유한 생활양식, 습관, 가치 등을 습득해 나가고 있어요. 궁극적으로는 다른 사람과 더불어 살아갈 수 있는 민주시민으로서의 자질을 형성하게 되는 것을 기본생활습관이라고 말하고 있어요.

기본생활습관은 일상생활에 있어 요구되는 기본적이고 필수적인 행위로, 좁은 의미로는 식사, 배설, 수면, 의복, 청결 등 생리적 · 신체적인 것에 관한 생활습관을 말하며, 광의로는 절제, 질서, 예절 등 사회생활에 필요한 생활습관까지 포함하고 있어요.

Q2 기본생활습관이 잘못 형성되면 잘 바뀌지 않는다고요?

기본생활습관은 출생 후 환경과의 상호작용을 통해 유아기에 동일한 행동을 반복함으로써 형성된다고 해요. 일단 형성된 기본생활습관은 가소성이 풍부한 유아기를 지나면 쉽게 변하지 않기에 유아기에 어떠한 습관이 형성되는가의 여부는 한 개인의 장래 성격과 사회성 발달을 결정하는 중요한 기초가 되고 있어요. 기본생활습관이 잘 형성된 유아는 다른 사람과도 원만한 관계를 유지하고, 사회에도 잘 적응하고, 능동적이고 행복한 삶을 살 수 있도록 도와준다고 해요.

Q3 청결습관지도는 어떻게 하나요?

3세	씻는 것에 익숙해지고 서툴지만 혼자서 양치질을 할 수 있고 손을 닦을 수 있다. 스스로 할 수 있도록 시도하고 격려가 필요하다.
4~5세	혼자서 양치질과 세수를 할 수 있다. 실수를 하더라도 혼자서 닦게 하는 것이 좋다.

유아기는 스스로 손을 씻고, 이를 닦는 등의 기본 청결습관이 반복적인 학습을 통해 형성되고 있어요. 청결은 개인위생과 주변 환경을 깨끗하게 유지하는 것으로 나눌 수 있어요. 유아기는 스스로 자신의 몸을 깨끗하게 유지하고, 주변 환경을 돌아보며 청결하게 생활할 수 있도록 지도하는 것이 필요해요. 청결하지 않은 생활을 했을 때 생

기게 되는 문제점을 유아가 인지하고 스스로 청결한 생활습관을 기를 수 있도록 가정에서의 쾌적한 생활 제공이 중요해요.

Q4 안전지도는 어떻게 하나요?

안전지도란 주위 환경의 영향으로 같은 행동을 반복함으로써 어떤 자극만 제공되면 반사적으로 보이는 상태를 말해요. 또한 일상생활에서 꼭 지켜야 할 안전생활의 습관화가 바르게 형성되는 것을 이야기하고 있어요. 유아가 일생을 건강하고 안전하게 살아가기 위해서는 유아기부터 바른 습관을 형성하고 몸에 익혀 일상화하도록 하는 것이 필요해요. 그렇기 때문에 사고를 예방하기 위해서는 환경을 개선하는 것도 중요하지만 유아의 우발적인 사고에 대한 부모의 올바른 인식이 중요해요. 유아의 사고는 자신의 입장에서만 사물을 보고 생각하며 다른 사람의 입장은 이해하지 못하는 자기중심성, 한 가지 요소에만 주의를 집중하고, 그 외 다른 요소들을 무시하는 중심화, 원래의 상태로 되돌려 생각할 수 있는 능력이 부족한 비가역성의 특성을 지니고 있기 때문에 사고가 많이 나게 돼요. 이러한 안전사고를 사전에 교육으로 막는 것이 매우 중요해요.

부모가 할 수 있는 유아기 안전지도에 대해서 살펴볼게요. 첫째로, 역할놀이를 통한 안전교육이 있어요. 역할놀이는 유아가 흥미로워하는 주제를 중심으로 가상적인 상황과 역할을 맡아 놀이를 하는 거예요. 생활 주변에서 겪는 여러 가지 위험 상황을 경험함으로써 적극적인 대처방법이나 자발적인 문제해결 능력을 기를 수 있게 돼요. 둘째로, 부모를 통해 일관성, 반복성 및 모델링을 통해서 안전지도를 할 수 있어요. 셋째로, 동화책이나 노래, 게임을 통해서도 안전지도를 할 수 있어요.

어린이안전넷(www.isafe.go.kr)	
어린이안전 종합 정보망으로, 소비생활 환경에서 발생할 수 있는 여러 위해정보와 예방법을 쉽고 재밌게 배울 수 있도록 정보를 제공하고 있습니다.	

Q5 기본생활습관은 어떻게 형성할까요?

일상생활에서 필요한 기본생활습관은 교사와 부모가 가르치며 생활 속에서 반복해야 해요. 또한 적절한 칭찬이나 보상을 통해 행동을 강화시켜 줄 필요가 있어요.

① 일관성 있는 반복연습을 시켜야 해요.

② 교사나 부모가 일방적인 지시나 훈육이 아닌 실제적인 모델링을 보여줄 때 아동은 비로소 학습을 통해 좋은 습관을 익힐 수 있어요.

③ 유아 스스로 하는 동기유발을 시켜야 해요. 유아 스스로 참여할 수 있는 주위 환경 조성 · 바람직한 행동에 대한 칭찬, 격려와 아울러 그 행동으로 인한 결과를 이야기해 주는 것도 필요해요.

④ 습관 형성의 시기를 고려해야 해요. 아동 개개인의 발달 수준을 고려하여 그에 적합한 내용이 선정되고 지도되어야 해요.

Q6 유아기에 배워야 할 기본생활습관은 어떤 것이 있을까요?

예절	나 아닌 다른 사람과의 관계 형성에 관한 것으로 다른 사람에 대한 이해와 존중심이 선행되어야 해요. 유아들은 적절한 경험을 통해 자기중심성에서 벗어나 다른 사람의 입장과 느낌을 존중할 수 있어요. ① 식사예절의 내용 – 식사 전후 손 씻기, 식사 후 이닦기 – 식사 전후에 준비해 주신 분께 '잘 먹겠습니다', '잘 먹었습니다' 인사하기 – 음식을 입에 넣은 채 이야기하지 않기 – 한자리에 앉아 흘리지 않고 먹기 – 음식은 꼭꼭 씹어 골고루 먹기 ② 인사예절 – 어른에게 존댓말 사용하기 – 친구나 아는 사람을 만났을 때 인사하기 – 도움을 받았을 때 '고맙습니다', '고마워' 말하기 – 실수하거나 남에게 피해를 주었을 때 '미안합니다', '죄송합니다' 말하기 ③ 공공예절 지키기 – 공공장소에서 시끄럽게 이야기하지 않기 – 공공장소에서 함부로 뛰어다니지 않기 – 휴지나 쓰레기를 함부로 버리지 않기

질서	유아들이 집단생활을 할 때 공공 규칙이 있음을 알고 이를 지켜야 하는 중요성을 이해함으로써 민주적 행동과 가치를 갖도록 하는 것이에요. – 계단이나 실내에서 뛰지 않기 – 물건을 사용한 후 제자리에 놓기 – 승 · 하차 시 차례로 타고 내리기
청결	자기 몸에 대한 청결과 물건의 정리정돈, 청소와 같은 주변 정리와 더 나아가 환경 보전으로 확장될 수 있어요. – 몸을 깨끗이 하기 – 화장실 사용 후나 식사 전에 손 씻기 – 이를 깨끗이 하기 – 식사 후 먹은 그릇과 식탁 치우기 – 자기 물건을 잘 정리정돈하기 – 떨어져 있는 쓰레기 줍기 – 쓰레기를 정해진 곳에 분류하여 버리기
절약	유아들이 물건을 바르고 소중히 다루며, 아껴쓰는 습관을 가짐으로써 이후에 계획성 있고 건전한 소비자가 될 수 있어요. – 물, 전기, 물건 아껴쓰기 – 남의 물건을 가져가지 않기 – 음식은 먹을 만큼만 가져가기   

함께하기 내 삶에 적용해 볼까요?

Q7 자녀를 존중하는 부모의 양육태도

씻지 않으려고 하는 아이	① 아이에게 왜 씻어야 하는지를 정확하게 설명해 주는 방법이 좋아요. "00야 손은 이것저것 만지거나 자주 사용하기 때문에 더러운 세균이 많이 묻어 있어." ② 규칙적으로 씻는 경험을 제공해 주세요. 밖에서 놀다가 들어왔을 때, 대소변 후, 식사 후 이를 닦도록 도와주세요. ③ 놀이로 접근해 주세요. 씻는 것은 두려운 일이 아니라 즐거울 수 있다는 것을 알게 하는 것이 중요해요. ④ 청결이 왜 필요한지 동화책을 이용해서 알려주는 방법도 있어요.
지나치게 청결한 아이	① 부모가 강압적인 양육행동을 보이면 아이가 청결함에 집착하게 돼요. ② 지나치게 청결한 아이는 친구들의 불결한 행동을 계속 지적해서 원만한 또래관계에 문제가 생겨요. 아이의 청결 기준을 낮추어 주세요. "괜찮아. 옷에 묻었지만 그냥 입고 있어도 괜찮은 거야." "조금 젖었네. 놀다보면 금방 마를 거야. 신경 쓰지 않아도 돼."
계절에 맞지 않은 옷을 입으려고 하는 아이	① 유아기에 나타날 수 있는 발달특성이에요. 부모의 관점으로 강요하기보다는 위험하거나 건강을 해치는 상황에 해당되지 않으면 허용해 주세요. ② 아이의 선호를 존중하면서 상황과 날씨에 적절하게 옷 입는 방법에 대해 지도할 필요가 있어요. "추운데 옷을 얇게 입으면 체온이 떨어져서 감기에 걸릴 수 있어."

위험한 행동을 자주 하는 아이	① 자신의 신체를 인식하고 조절하는 것에 어려움을 느껴 위험한 행동을 할 수 있어요. 이런 경우 신체를 인지하고 조절할 수 있는 놀이를 지원해 주세요. ② 기질적으로 신체적 에너지가 많은 아이의 경우 에너지를 발산할 수 있도록 놀이를 해주세요. 밀가루 반죽놀이, 찰흙놀이, 물놀이, 물감놀이가 도움이 돼요. ③ 위험한 행동으로 인해 발생될 수 있는 결과를 인식할 수 있도록 행동과 그에 따른 결과를 이야기해 주세요. "00가 높은 곳에서 뛰어내리면 부딪혀서 다리를 다칠 수 있어."
인사를 잘하게 하려면?	'인사만 잘해도 먹고 산다'라는 말이 있듯이 인사는 기본생활습관 중 가장 기초적이면서 중요해요. 일상생활에서 친구들을 만날 때, 어른들을 만날 때 자연스럽게 인사할 수 있도록 부모 먼저 인사할 수 있는 모델링이 필요해요.

우리 아이의 기본생활은 어떤가요?

기본생활 검사지						
	문항	매우 못한다	못한다	약간 못한다	잘한다	매우 잘한다
1	이를 닦는다.					
2	콧물이나 침을 잘 처리한다.					
3	옷을 단정하게 입는다.					
4	흘린 음식물을 뒤처리한다.					
5	쓰레기를 아무 데나 버리지 않는다.					
6	벽이나 책상에 낙서하지 않는다.					
7	주변을 깨끗이 청소한다.					
8	도로나 위험한 곳에서 놀지 않는다.					
9	함께 정한 놀이를 할 때 규칙을 지킨다.					

기본생활 검사지						
문항		매우 못한다	못한다	약간 못한다	잘한다	매우 잘한다
10	입었던 옷을 잘 정리한다.					
11	신발을 바르게 정리한다.					
12	자신의 소지품은 제자리에 스스로 정리해 놓는 습관을 가진다.					
13	놀이시설 이용 시 차례를 지킨다.					
14	교통신호를 지킨다.					
15	형제자매와 사이좋게 지낸다.					
16	어른께 공손한 태도로 인사한다.					
17	웃어른께 물건을 받을 때 두 손을 사용한다.					
18	자기의 잘못한 일을 사과할 줄 안다.					
19	지하철, 버스, 전시장, 식당 등에서 큰소리로 떠들지 않는다.					
20	올바르게 앉아서 식사한다.					
21	어른께 경어를 바르게 사용한다.					
22	남의 물건을 내 마음대로 할 수 없음을 안다.					
23	스스로 할 수 있는 일은 혼자 하려고 애쓴다.					
24	상황에 따라 목소리를 조절하여 이야기한다.					
25	물건에 따라 아껴쓰는 방법을 알고 아껴서 쓴다.					
26	말할 때 차례를 지킨다.					
27	장난감을 친구와 함께 가지고 논다.					
28	다른 친구의 놀이를 방해하지 않는다.					

출처: 김현정, 숭실대학교 교육대학원 석사학위논문 발췌.

예의바른 아이로 키우려면?

예의바른 아이로 성장

QR Code로 영상을 시청해 볼까요?

동영상 예의바른 아이로 키우려면

'우리 아이의 기본생활습관-스스로 잘하는 아이'는 부모님께 예의바른 아이로 잘 양육할 수 있도록 도움을 줄 수 있는 내용으로 구성되어 있어요. 예절은 가정교육의 기본이에요. 어렸을 때부터 주양육자인 부모님께서 공공장소에서 지켜야 할 예절, 식사예절, 인사하기 등이 습관화될 수 있도록 도와줘야 해요. 많은 전문가들이 5살부터 초등학교 2학년까지를 아이들의 기본생활습관을 잡아주는 '골든타임'이라고 이야기하고 있어요. 기본생활습관이 올바른 아이는 사회적응능력뿐 아니라 친구들과의 또래관계도 원만하다고 하니 부모님께서 절대 소홀하게 생각할 부분은 아니에요.

아직도 늦지 않았어요. 지금부터 우리 아이들에게 관심을 갖고 차근차근 자기 물건은 스스로 정리하는 것부터 시작해 볼까요?

◆ 자녀와 함께 볼 수 있는 책 소개

글: 류혜인 / 그림: 이수영
출판사: 그레이트북스

공공질서에 관해 뿌직이처럼 꼭 지켜야 할 규칙마저 어기는 아이에게 공공질서를 가르쳐 줄 수 있는 내용의 책

글: 김형규 / 그림: 조승연
출판사: 주니어김영사

양치질을 잘하면 어떻게 될까? 양치질을 안 하면 어떻게 될까? 앞쪽에서는 양치를 잘하는 여자아이의 이야기가 전개되고 뒤쪽에는 양치를 싫어하는 남자아이의 이야기가 전개되는 독특한 구성의 그림책으로, 양치습관에 관한 책

글: 황유진 / 그림: 데니스홈즈
출판사: 애플비

식사, 배변, 수면, 청결, 정리정돈 등 유아들이 생활하는 데 꼭 필요한 좋은 습관을 갖도록 이끌어 주는 내용의 책

글 : 제니퍼 무어 말리노스 / 그림: 애너벨 스펜스리
출판사: 김영사

학교에 가기 전 꼭 알아야 할 기초 생활 습관을 배울 수 있는 책이에요. 생활, 안전, 청결, 의사소통, 예절, 생명 존중 등 필수 생활 습관을 쉽게 이해할 수 있도록 했으며, 책에서 읽은 것을 아이들 스스로 실천해 볼 수 있도록 도와줄 수 있는 내용의 책

참고문헌

김현정 (2009). 부모의 훈육태도가 유아의 기본생활습관에 미치는 영향. 숭실대학교 교육대학원 석사학위논문.

보건복지부 (2013). 영유아문제행동지도를 위한 어린이집 보육교사 지침서. 보건복지부 · 육아정책연구소.

서현아, 최승화, 염세진, 안영혜, 하선혜, 박소윤 (2021). **아동생활지도**. 공동체.

정정여 (2010). 유아의 기본생활습관형성프로그램이 자아존중감에 미치는 영향. 대구대학교 대학원 석사학위논문.

최민정 (2019). 유아의 놀이성과 기본생활습관이 사회적 능력에 미치는 영향. 고려대학교 교육대학원 석사학위논문.

| 동영상 |

예의 바른 아이로 키우고 싶다면? 먼저 아이의 마음을 읽어주세요!
https://youtu.be/HqyV1uPWrfY

올바른 생활습관과 그 이유가 궁금해요
https://youtu.be/geog-xPjWz4

강은영 아동학 박사

명지대학교 대학원 아동학과 박사졸업
현, 시립은계행복어린이집 원장
강의 요청 및 상담: keydss@never.com

CHAPTER 4 _ 우리 아이의 식생활습관 "몸도 마음도 건강한 우리 아이"

CHAPTER 5 _ 수면 과학 "꿀잠이 아이들을 찾아오도록 만드는 수면 과학"

PART 2

건강하게 자라기

CHAPTER

4

우리 아이의 식생활습관

"몸도 마음도 건강한 우리 아이"

들어가기 우리 아이 어떻게 잘 먹을 수 있을까요?

유아기 성장과 발달에
매우 중요한 것 중의 하나는 영양입니다.
에너지와 영양소가 많이 필요한 유아기는
적절한 식습관을 유지하는 것이 중요합니다.
이 시기의 유아가 과일, 채소, 곡류, 단백질 등
다양한 식품군을 균형 있게 적정한 양을
섭취할 수 있으면 좋겠죠!

박사님! 올바른 식생활 습관에 대해 궁금해요~

유아기의 어린이들은 가족과 동일한
음식을 먹지요.
양육자는 유아에게 편안한 환경에서
규칙적으로 식사를 할 수 있도록 영양가
있는 음식을 제공해요. 또한, 가족과
함께 규칙적으로 식사를 하고
정해진 시간에 간식을 먹도록 해요.
특히, 식사 시간에 미디어를 끄시고,
식사예절에 대한 약속과 규칙에 대해
알려주는 것이 중요해요.

허현정 박사

살펴보기 밥상머리 교육은 왜 중요할까요?

밥상머리 교육이 중요하다고요?

밥상머리 교육은 가족이 모여 함께 식사하면서 대화를 통해 가족 사랑과 인성을 키우는 것으로 우리 선조들은 조부가 밥상을 받으신 자리에 손자를 마주하여 일상적 가르침을 주는 장으로 밥상머리를 활용하였어요.

밥상머리교육

QR Code로 영상을 시청해 볼까요?

동영상 밥상머리교육, 어떻게 하면 될까요?

유대인의 가족 식사 들여다보기

노벨 수상자의 30%를 배출한 유대인들에게 가족이 함께하는 식사는 특별한 의미를 갖는 '가족의식(家族儀式)'이라고 해요. 매주 금요일은 항상 가족이 모여 감사의 기도로 식사를 시작하고, 식사 시간이 하나의 의식처럼 성스럽게 지속되지요! 유대인의 자녀는 자연스럽게 대화하면서 밥상에서 예절을 익히고 전통을 접하면서 감사하는 마음을 갖게 되는데요. 유대인은 어떤 잘못이 있어도 밥상에서는 절대 자녀를 혼내는 일이 없어요. 꾸짖을 일이 있으면 식사 이후로 미루는데, 이는 유대인 부모들이 밥상머리에서 가족과 나누는 대화를 소중하게 생각하기 때문이에요. 유대인에게 밥상머리는 유대인 가족의 전통과 공동체 의식이 전수되는 교육의 장이라 여기기 때문이에요.

[사례 1]

맞벌이 가족이라 식사 준비할 사람이 없어요. 어떻게 해야 하나요?

IT업체의 우수사원인 000씨 가정은 부인이 학원 강사를 하는 맞벌이 가정입니다. 아내의 귀가 시간이 남편보다 더 늦기 때문에 000씨는 퇴근하면서 두 아이들을 데리고 집에 가는 길에 장을 보고, 집에 와서 직접 저녁식사 준비를 합니다. 아내가 퇴근하면 온 가족이 함께 행복한 저녁식사를 합니다. 부부가 서로 일을 하고 집에 오면 피곤하지만 아침은 아내가, 저녁은 남편이 분담한 지 5년째라고 합니다. 아버지로서 아이들의 건강을 위해서 외식을 거의 하지 않고 꼭 집에서 밥을 차려 먹으려는 000씨의 노력으로 온 가족이 행복한 가족식사를 하고 있습니다.

출처: 밥상머리의 작은 기적

실천지침 체크해 보기

이렇게 암기해 봐요^^

"두 번 정해 함께 끄고 천천히 나눈다."

"열린 칭찬 끊지 말고 노력합시다."

우리 가족의 식사 유형을 체크해 봅시다.

밥상머리교육 실천지침
1. 일주일에 두 번 이상 '가족 식사의 날'을 가진다.
일주일에 몇 번 모일 수 있나요?
2. 정해진 장소에서 정해진 시간에 함께 모여 식사한다.
주로 어디에서 몇 시에 먹나요?
3. 가족이 함께 식사를 준비하고 함께 먹고 함께 정리한다.
식사 준비와 정리는 주로 누가 하나요?
4. TV는 끄고 전화는 나중에 한다.
식사하는 풍경은 어떠한가요?
5. 대화를 할 수 있도록 천천히 먹는다.
식사 시간은 몇 분인가요? 식사하면서 어떤 대화를 하시나요?
6. 하루 일과를 서로 나눈다.
오늘은 어떤 주제로 이야기를 나누셨나요?
7. '어떻게 하면 좋을까' 식의 열린 질문을 던진다.
식사하면서 아이에게 주로 하는 질문은 무엇인가요?
8. 부정적인 말을 피하고 공감과 칭찬을 많이 한다.
아이에게 하루에 칭찬을 몇 번 하시나요? 어떤 칭찬을 하시나요?
9. 아이의 말을 중간에 끊지 말고 끝까지 경청한다.
아이의 말을 제일 길게 들어준 시간을 적어보세요.
10. 행복하고 즐거운 식사가 되도록 노력한다.
자, 오늘부터 실천해 볼까요?

출처: 밥상머리교육 매뉴얼(2012)

Q1 평생의 식습관이 결정되는 유아기 '편식' 걱정되시죠?

푸드브릿지(Food Bridge)를 경험해 보실래요?

푸드브릿지(Food Bridge)는 아이들이 건강한 식습관을 갖도록 다리를 놓아준다는 의미로, 편식하는 음식을 여러 가지 방법을 통해 노출시키는 것을 말해요. 처음에는 5~10% 정도에서 시작해 90% 이상 노출시키는 방법인데, 단계별로 아이들이 편식하는 음식을 먹도록 유도해요.

| 1단계 | 식재료와 오감으로 친해지기

원물 형태의 식재료를 눈으로 보고, 냄새를 맡아보고 만져보며 촉각을 익히는 단계예요. 이 단계를 통해 아이들은 싫어하는 식재료에 보다 익숙해져요. 이 시기에는 함께 장을 보러 가서 싫어하는 식재료를 아이가 직접 구입해 볼 수 있도록 하는 등 다양한 접근 방법을 시도하지요.

| 2단계 | 식재료 간접 노출로 접해보기

아이가 싫어하는 식재료를 간접적으로 노출시키는 단계이지요. 가지를 싫어한다면 가지를 아주 작게 잘라서 형태를 알 수 없도록 바끈 후 아이가 좋아하는 음식과 함께 요리하는 식이에요. 믹서기에 갈아서 요리 반죽에 넣거나, 소스 등으로 만들어도 좋아요. 이때는 아이와 함께 요리를 하면 좋은데, 반죽을 만든다거나 소스를 섞도록 해요.

| 3단계 | 식재료 소극적 노출로 먹어보기

먹기 싫어하는 식재료를 5~10% 정도만 노출해서 먹도록 유도하는 단계예요. 이때 중요한 건 아이 눈에는 분명 본인이 싫어하는 식재료가 들어간 것이 보이지만, 그 맛은 강하지 않아요. 예를 들어 볶음밥이나 피자, 김밥 등을 만들어 아이가 싫어하는 시금치나 파프리카, 당근 등을 먹도록 해요.

| 4단계 | 식재료 적극적 노출로 익숙해지기

싫어하던 식재료를 적극적으로 노출하고 먹도록 해서 재료 본연의 맛에 익숙해지도록 하는 단계이지요. 이때 부모와 함께 식사하면서 맛이 어떤지, 씹는 느낌이 어떤지 등을 이야기하고 나누도록 해요. 단 이때 억지로 많이 먹이기보다는 아이가 먹을 수 있는 만큼만 먹도록 하는 것이 바람직해요(출처: 서울시 식생활종합지원센터).

Q2 어린이 식생활 안전관리 어떻게 하나요?

어린이 · 청소년 식생활 안전관리 관련 종합 정보망으로, 어린이 기호식품 품질인증, 고열량 · 저영양 식품, 어린이 식품안전 보호구역관리 등의 정보를 제공하고 있습니다.

출처: https://www.foodsafetykorea.go.kr

친환경 농축산물 인증제도란?

농산물을 재배하거나 가축을 사육하는 과정에서 유기합성 농약과 화학비료 또는 사료 첨가제 등의 화학자재를 전혀 사용하지 않거나 기준량 이하로만 사용하여 식품의 안정 수준을 높이고 환경을 보전하는 데 기여하는 농산물이나 축산물에 부여되는 인증을 관리하는 제도예요.

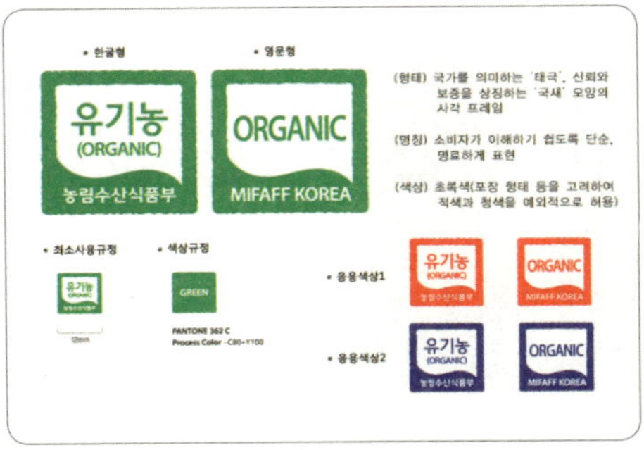

출처: 네이버 지식백과, 친환경농축산물 인증제도(두산백과 두피디아, 두산백과)

Q3 식품첨가물에 대해 알아볼까요?

식품첨가물이란?

우리나라 「식품위생법」에 따르면 식품첨가물이란 식품을 제조, 보존하는 과정에서 식품에 넣거나 섞는 물질 또는 식품을 적시는 등에 사용하는 물질로 정의되고 있어요. 즉 식품첨가물이란 식품의 조리, 가공, 제조과정에서 식품의 품질보존 및 개선, 색과 맛 향상, 영양과 위생적 가치를 향상시킬 목적으로 식품에 의도적으로 미량 첨가하는 비 영양물질을 의미하지요.

동영상 식품첨가물은 과연 유해하기만 한 걸까?

현재 우리나라에서 관리하고 있는 식품첨가물은 약 600개이고, 식품의약품안전처에서는 식품첨가물의 사용 기준과 규격을 국제 기준인 CODEX, EU 등의 기준에 부합하도록 정하고 있어요.

Q4 특정 음식을 선호하는 아이

아이가 달고, 짜고, 맵고! 자극적인 맛이 강하지 않으면 먹으려고 하지 않아요.

이럴 때는 어떻게 하면 좋을까요?

식습관은 **유전적인** 요인과 **환경적인** 요인이 복합적으로 작용하여 형성되지요.

먼저, **유전적 요인**으로 유아는 태어나면 단맛에 선호 현상을 보이고 짠맛에 대해서는 특별한 선호 현상을 보이지 않거나 싫어하며 쓴맛과 신맛은 싫어하는 양상을 보여요. 진화적 관점에서 영아가 태어나서 엄마 젖의 주성분인 단맛을 선호하고 독소에 많이 들어 있는 신맛과 쓴맛을 멀리하여 생존에 적합하도록 설계된 것이라고 볼 수 있지요.

동영상
EBS 다큐프라임 – 아이의 밥상 1부, 편식의 비밀

환경적 요인은 학습에 의한 음식 선호 현상으로
먼저, 특정 음식에 대한 안 좋은 경험이 있는(음식을 먹고 구토를 했다거나, 질병에 걸림) 경우 그 음식에 대한 거부감이 생길 수 있어요.
둘째, 어릴 때부터 다양한 맛에 노출시켜 주어 다양한 맛에 익숙하게 하는 것이 편식 예방에 도움이 돼요. 유아는 '익숙한 맛의 음식'을 선호하지요.
셋째, 낯선 음식에 대한 거부감이 있을 때 주변에서 맛있다고 잘 먹는 모습을 보이거나 먹어보려고 시도해 볼 수 있도록 격려하고 지원해 준다면 아이의 불안한 마음이 조금은 덜어질 수 있게 돼요. '사회적 촉진작용'이 중요한 거죠.
마지막으로 만 3~4세가 되면 유아들은 자기가 소속된 문화권에서 익숙하게 먹었던 음식이 익숙해지기 때문에 점차적으로 특정 문화권의 보편적인 음식을 선호해요. '문화'도 음식 선호 현상에 영향을 주지요.

Q5 고열량 인스턴트식품 위험해요!

고열량 인스턴트 먹어도 될까요?

인스턴트식품은 자극적인 맛이 첨가되어 있어 아이들이 많이 좋아하는데, 이러한 음식에 익숙해지면 매우 위험하지요.

소아비만의 경우 식탐이 많은 것이 원인이기도 하지만, 일반 또래들과 먹는 양은 비슷하더라도 고열량 인스턴트식품 섭취 비율이 높은 것이 원인이기도 해요.

① 짠 음식을 많이 먹는다면 잠재적으로 고혈압과 비만이 될 수 있는 위험이 높아요.

② 단 음식을 많이 먹는다면 당뇨와 소아비만이 발병할 수 있어요.

③ 맵고 짠 자극적인 음식을 많이 먹을 경우 위염 등의 소화기 질환이 생길 수 있고, 매운 음식을 많이 먹을 경우 소화기 질환에 쉽게 걸릴 수 있어 영양소의 흡수와 소화를 방해하여 발달에 좋지 않은 영향을 줄 수 있어요.

함께하기 내 삶에 적용해 볼까요?

올바른 식습관 만들기

① 공복 기다리기

아이들이 식사를 안 하는 경우는 보통 간식을 섭취하여 배가 고프지 않기 때문입니다. 가족과 함께 맛있는 식사를 하고 싶으시면 군것질을 모두 끊고 아이가 배고프다고 할 때까지 기다렸다가 건강한 식단을 제공하는 방법으로 먹이도록 합니다.

② 저염식 유도하기

이미 형성된 식습관은 단기간에 고치기 어려우므로 영아기 때부터 저염 음식을 제공하고 장기적인 계획을 세워 저염식을 시도합니다.

③ 숨은 나트륨 줄이기

육류는 따로 간을 하지 않더라도 충분한 나트륨을 포함하고 대부분의 가공식품과 냉동식품, 패스트푸드, 과자 등에도 많은 양의 소금이 첨가되어 있습니다. 빵, 주스 등 단 음식이나 액상 양념, 다양한 소스, 케첩 등에도 다량의 소금이 첨가되어 있죠!

시중에서 판매하는 어린이용 음식은 타 제품들과 경쟁을 위해 단맛, 짠맛을 강하게 내도록 만들어집니다. 그래서 아이들이 먹을 음식을 선택할 때는 신중해야 하겠습니다.

④ 양치질하기

양치 시 혀를 잘 닦고 먹으면 음식의 맛이 잘 느껴진다고 합니다. 식사 전, 후 양치질을 꼼꼼하게 한다면 조금 덜 자극적인 음식에도 쉽게 익숙해질 수 있습니다.

⑤ 식사는 세 끼 규칙적으로 다양한 음식을 제공하며 식사 시간은 30분 정도로 천천히 먹도록 합니다.

⑥ 간식은 적은 양을 주어 규칙적인 식사를 하도록 하며 식사는 소화가 잘되고 식욕을 돋울 수 있는 것이 적당합니다.

유아 전반기에는 간식을 오전 10시와 오후 3시경에 1일 2회 정도 주는 것이 좋습니다. 간식은 다음 정규식사 시간까지 2시간 정도의 간격이 있어야 합니다.

우리 아이 변비 탈출!

소아 변비의 원인

소아 변비는 기질적 질환 원인이 되는 경우가 5~10% 정도이고, 대부분 특별한 이상소견 없이 발생하는 기능적 변비라고 합니다. 아이들은 동생의 출생, 여행 등의 새로운 환경이나 친구와의 갈등, 가정불화 등의 심리적인 이유로 변비가 발생할 수 있으므로 아이의 심리적 상태나 환경의 변화를 꼼꼼하게 살펴볼 필요가 있습니다. 특히, 배변 시 통증을 느꼈던 경험으로 대변을 참았던 상황을 적절하게 치료하지 않을 경우 변이 단단해지면서 악순환이 계속될 가능성이 높습니다.

변비의 감소요령 알기

소아 변비 치료법은 **식이요법, 행동요법, 약물치료**로 구분됩니다.

식이요법은 균형 있는 식단으로 식사 섭취량을 충분히 하고, 수분 섭취가 매우 중요합니다. 대부분의 야채와 과일이 변비에 도움이 되지만, 특히 섬유질이 풍부한 고구마, 양배추, 브로콜리, 건포도, 서양자두, 복숭아, 살구, 배, 콩, 완두, 시금치 등이 좋습니다. 곡식을 통째로 갈아 만든 시리얼도 도움이 된다고 하네요. 반면, 치즈, 바나나, 감, 다량의 유제품, 삶은 당근 등은 피하는 것이 좋다고 합니다.

행동요법은 변이 마려울 때 참지 않고 화장실을 가도록 격려하는 것이 중요합니다. 특히, 유아들이 가정이 아닌 교육기관에서 화장실 가는 어려움이 있을 수 있는데요. 기관에 있는 화장실도 편안한 공간임을 인지시켜 줄 필요가 있습니다.

약물치료는 대장에 있는 단단한 변 덩어리를 제거하는 과정으로 경구, 좌약, 관장 등의 방법이 적절하게 이루어집니다. 주치의와 꼭 상의하셔서 3개월 이상 유지 치료하는 것이 중요하다고 하는데 임의로 치료를 중단하는 경우 치료 실패와 재발의 중요한 요인이라고 하네요. 따라서 완치가 될 때까지 안전한 약제를 충분한 기간 사용하는 것이 중요하며 약물치료에 대한 부정적 인식을 바꿀 필요가 있겠습니다.

변비탈출 시도하기

아이가 배변을 참는 이유는 과거에 배변으로 통증을 느꼈기 때문일 가능성이 높습니다. 이에 변을 무르게 만들 수 있도록 유아 식단에 신경을 써야 합니다. 섬유질 채소를 충분하게 섭취할 수 있도록 하고, 소화 능력을 키울 수 있도록 식단을 제공해야 합니다. 매일 적절한 운동과 규칙적인 식사, 충분한 수분 섭취가 중요합니다.

악순환의 고리, 소아변비
https://www.youtube.com/watch?v=tsFonB0iNsA

『영양플러스』 소아변비 7편. 소아변비 궁금해!
https://www.youtube.com/watch?v=q5CwbDwsqJo

동영상

가족과 함께하는 식사 시간은 행복하십니까?

과연! "내가 지도하고 있는 방법이 맞을까요?"

음식은 생명을 유지하기 위해 꼭 필요합니다. 이러한 음식은 우리 몸에 질병을 초래하기도 하며, 질병을 치료하기도 하죠! 그렇기에 내 자녀의 체질에 맞게 음식을 제공해야 하는 것이 중요합니다. 이에 아이가 거부하는 음식을 '편식'이라고 판단하여 음식을 거부하는데도 불구하고 꼭 먹여야 하는 것은 아닙니다. 고른 영양소만 제공된다면 아이가 선호하는 음식으로 영양소를 충족할 수 있답니다. 유아의 눈높이에 맞는 식생활 교육을 가정에서도 지속적으로 지도하면서 우리 아이의 식생활 습관에 관심을 가져주세요.

◆ 자녀와 함께 볼 수 있는 책 소개

글: 클레어레웰린 / 그림: 마이크 고든
번역: 최인자
출판사: 서교출판사

음식이 우리 몸에 필요한 이유와 골고루 먹는 것의 중요성을 알려주고 문화와 종교나 신념, 특이 상황에 놓였을 때에 안 먹는 음식이 있을 수 있다는 점도 알려주는 내용의 책

글: 이토미쓰루
번역: 정인영 / 감수: 사마키 다케오
출판사: 다산어린이

우리가 즐겨 먹는 과자나 음료 등의 성분표를 보며 식품첨가물을 똑똑하게 구별하여 판단할 수 있도록 돕는 내용의 책

글 · 그림: 이소을
출판사: 상상박스

책 속에 등장하는 다양한 반찬은 저마다의 사연을 소개하는데, 이를 통해 아이들은 음식이 어떻게 만들어지는지 알게 되고, 엄마의 정성과 음식을 만드는 사람들의 노력이 깃들어 있다는 사실을 알 수 있는 내용의 책

글: 김숙년, 김익선 / 그림: 김효순
출판사: 장영

우리 음식에 대한 다양한 이야기와 장 담그기, 김장하기 등 전통생활문화에 대한 이야기를 담고 있는 한국 전통 식생활과 요리만으로 구성한 내용의 책

글: 라주 / 그림: 라주
번역: 전정옥
출판사: 바둑이하우스

몸에 좋은 음식을 먹어야 똥도 예쁘다! 예쁜 똥을 만드는 음식과 습관들을 알아보고, 동물들의 똥에 대해서도 배워보는 내용의 책

참고문헌

교육과학기술부 (2012). 밥상머리매뉴얼.

문성호 (2011). 똥 참는 우리아이, '소아변비' 해결책은. 메디컬투데이

문혁준 외 (2021). **영유아와 영양**. 창지사.

식품의약품안전처 https://www.mfds.go.kr/index.do

중앙m&b 편집부 (2019). **아이에게 꼭 해줘야 할 60가지 시리즈**. 중앙m&b

EBS 아이의 밥상 제작팀 (2010). 아이의 식생활. 지식채널.

| 동영상 |

가족과 함께하는 식사 시간은 행복하십니까? https://www.youtube.com/watch?v=l7Qlq1h6Rls

부산북구어린이급식관리지원센터 식사예절 어린이 영양교육 – 예절밥상 길잡이 https://www.youtube.com/watch?v=-NwAKBVS3cw

식품첨가물은 과연 유해하기만 한 걸까? https://www.youtube.com/watch?v=LIPVvlV_RZE

악순환의 고리, 소아변비 https://www.youtube.com/watch?v=tsFonB0iNsA

어린이 영양지수 균형편 https://www.youtube.com/watch?v=76fKRWCxlzs

『영양플러스』 소아변비 7편. 소아변비 궁금해! https://www.youtube.com/watch?v=q5CwbDwsqJo

영유아 편식습관을 바로잡기 위한 급식안전 캠페인 영상 https://www.youtube.com/watch?v=8ToVeyC6PqE

창원시2어린이급식관리지원센터] 저염교육 – 물을 마셔요 https://www.youtube.com/watch?v=DF2nSlHlvHU

EBS 다큐프라임 – 아이의 밥상 1부, 편식의 비밀 https://www.youtube.com/watch?v=VXlDSUHqYt0

허현정 아동학 박사

명지대학교 대학원 아동학과 박사졸업

현, 명지대학교어린이집 원장

전, 명지대학교 아동학과 객원교수

강의 요청 및 상담: hhj0113@hanmail.net

CHAPTER

5

수면 과학

"꿀잠이 아이들을 찾아오도록 만드는 수면 과학"

들어가기 우리 아이들에게 잠은 왜 중요할까요?

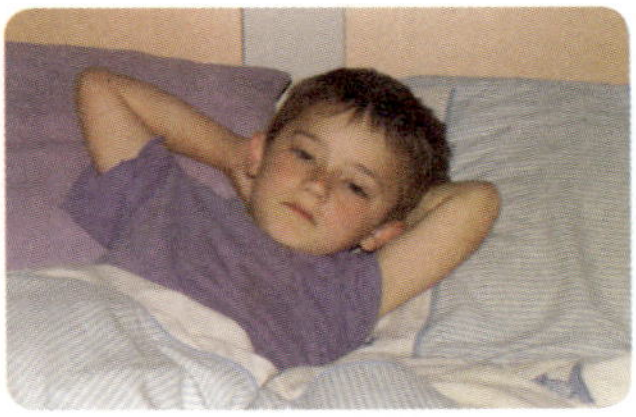

우리 아이가 잠을 안 자면
뇌와 몸에서 어떤 일이 일어날까요?
잠이 아이들에게 얼마나 중요한지 그리고
수면의 과학적 사실들은 무엇인가요?

수면 과학의 역사

20세기에 접어든 이후 자는 동안에도 활성 상태인 두뇌 활동을 측정할 수 있게 되었어요. 이는 수면이라는 주제에 대해 더욱 폭넓게 이해하는 계기가 됐죠.

지금은 하나의 분야로 인정받고 있는 수면 과학은 1930년대 수면 뇌파의 발견과 함께 수면 과학 연구가 본격적으로 전개가 되었어요. 놀라운 성과와 진보로 거듭한 결과 수면 메커니즘에 대한 이해가 한층 더 깊어졌지요. 그 후 1950년을 기점으로 집중적인 조명을 받기 시작했어요(2022, 헤더 다월-스미스). 세계적인 수면 과학에 대해 알아볼까요?

박사님! 수면 과학이 궁금해요~

과학자들이 찾아낸 수면의학에 관한 새로운
사실들이 지속적으로 발전 중에 있어요.
우리 삶의 소중한 인생 단계에 수면이라는
과정을 이해하면 삶의 질이 높아져요.
그리고 수면에 도움이 될 수면 의학의
과학적 기초 지식을 쌓는 것은
건강하고 행복한 부모 역할로서 살아가는
현명한 길이라고 생각해요.

김현진 박사

살펴보기 우리 아이가 잠을 안 자면 어떤 일이 일어날까요?

QR Code로 영상을 시청해 볼까요?

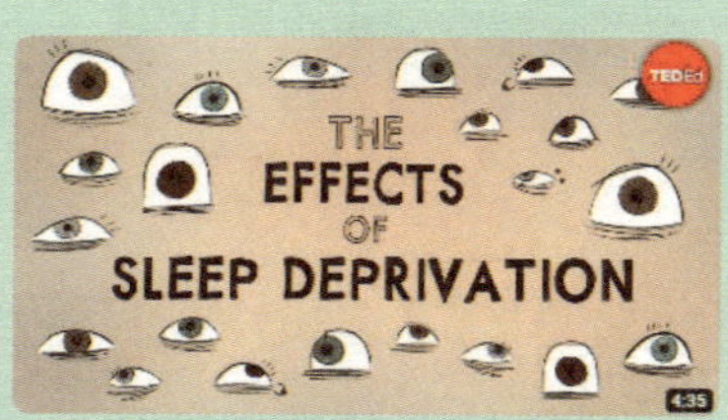

동영상 우리 아이들에게 잠은 얼마나 중요할까요?

클라우디아 아기레(Claudia Aguirre)는 잠을 자지 않으면 뇌와 몸에서 어떤 문제가 생기는지 보여줍니다.

1965년 17세의 고등학생 랜디 가드너는 264시간 동안 깨어 있었어요. 11일 동안 잠을 자지 않고 얼마나 견딜 수 있는지 알고자 했죠. 둘째 날 가드너의 눈은 초점을 맞출 수 없었지요. 그리고 가드너는 촉각으로 사물을 구별할 수 없었어요. 셋째 날 가드너는 변덕스러워지고 둔해졌어요. 실험이 끝나갈 때쯤 그는 **집중하기가 힘들었고 단기기억에도 문제가 있었고 편집적인 증세를 보였고 환각 상태를 일으키기 시작했어요.** 비록 가드너는 장기적으로 심리적 및 육체적 손상을 입지 않고 회복했지만 사람들에게 **수면 박탈은 호르몬 불균형, 질병 등 심각한 경우에는 사망까지 초래할 수 있어요.**

우리는 왜 잠을 자야 하는지 이해하기 시작하셨죠? 하지만 수면이 필수임을 알고 있었죠. 성인은 하루 7~8시간의 수면이 필요하고 아이들은 약 10시간 이상을 자야 해요. 우리가 피곤하다는 것을 알려주는 신체가 뇌로 보내는 신호와 밖이 어둡다는 외부 신호 때문에 졸리게 돼요. 아데노신이나 멜라토닌과 같은 수면을 유도하는 화학물질의 증가는 우리를 졸게 만들고 점점 더 깊은 잠에 들게 하여 호흡과 심박동을 느리게 만들고 근육을 이완시키지요. 이러한 Non-REM 수면은 손상된 DNA를 고쳐 자기 자신을 회복시켜 일상생활을 하는 거예요.

미국에서는 성인의 30%, 청소년의 66%가 수면 박탈인 것으로 추정돼요. 이것은 사소한 불편함의 문제가 아니에요. 계속 깨어있는 것은 몸에 심각한 해를 끼칠 수 있어요. **잠이 박탈되면, 학습, 기억, 기분, 반응 속도에 문제가 생겨요. 수면 박탈은 또한 염증을 일으킬 수도 있고, 환각, 혈압 상승을 일으키며 당뇨와 비만까지 몸의 건강과 연관돼요.**

Q1 잠을 안 자면 뇌와 몸에서 어떤 일이 일어날까요?

QR Code로 영상을
시청해 볼까요?

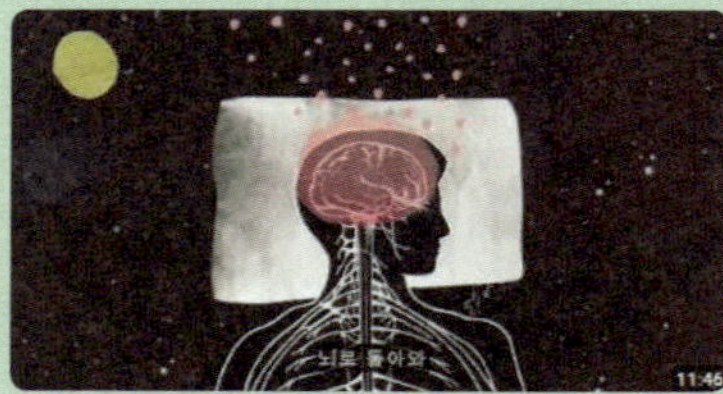

동영상 TED [제프 리프]
"숙면을 해야 하는 또 한 가지 이유"

2014년 헌신적인 축구팬이 죽었는데, 월드컵을 보느라 48시간 동안 깨어있은 후에 일어난 일이에요. 그의 때아닌 이른 죽음은 뇌졸중 때문이었으며 만성적으로 밤에 6시간 이하로 자는 것은 뇌졸중의 위험을 4.5배 정도 높인다는 연구가 있어요. 지속적으로 7~8시간 자는 사람과 비교해서 말이죠. 드문 유전적 변이를 가진 지구의 몇몇 사람들 중에는 수면 박탈이 일상적인 일이지요. 이러한 상태를 '치명적인 가족적 불면증'이라고 하는데 몸이 악몽같이 깨어있는 상태가 되어 잠의 안식에 빠지는 것을 막아요. 이렇게 되면 몇 달 혹은 몇 년 내에 점차적으로 치매와 죽음을 초래하게 돼요.

어떻게 수면 박탈이 이런 엄청난 고통을 줄 수 있을까요? 과학자들은 찌꺼기 물질들이 뇌 안에 쌓이기 때문이라고 생각해요. 우리가 깨어있는 동안 세포들은 낮의 에너지원을 이용하느라 바쁘고 이는 여러 가지 부산물들로 아데노신 같은 것들을 만들어요. 아데노신이 만들어지면 이는 수면 압력으로 알려진 수면에 대한 급박함을 증가시켜요. 사실상 카페인은 아데노신의 수용체 경로를 막아 효과를 내지요. 다른 찌꺼기 물질들 또한 이것들은 뇌에 쌓이게 되어 수면 박탈의 나쁜 증상을 많이 일으키는 것으로 생각돼요.

그럼 이를 막기 위해 우리가 잠잘 때 뇌에는 어떤 일이 일어나는 걸까요? 과학자들은 글림프 시스템이라는 것을 발견했어요. 쌓이는 것을 제거하는 장치인데, 우리가 잠들었을 때 더 활성화돼요. 이것이 세포 사이에 쌓여 있는 독성 물질을 뇌척수액을 통해 없애도록 하는 것이에요. 림프관은 면역세포의 통로로 작용하는데 최근 뇌에서 발견되었고 뇌에서 찌꺼기를 제거하는 역할을 해요. 수면이 원기를 회복시키는 과정이라는 것을 과학자들이 연구함으로써 잠드는 것이 필요함을 확신했어요. 우리가 건강하고 제정신으로 있기를 원한다면 말이죠.

Q2 '수면 상태일 때의 뇌와 몸'이 궁금해요?

수면은 무엇이고 왜 필요할까요?

수면은 우리가 생존하는 데 필수적인 행위이며 여러 생물학적 기능들이 잠을 잘 때만 작동을 해요.

수면 상태일 때의 뇌와 몸

잠을 자는 동안 뇌와 몸은 일련의 회복 및 강화 과정을 거치는데, 이는 신체가 자신의 기능을 다하는 데 영향을 미쳐요.

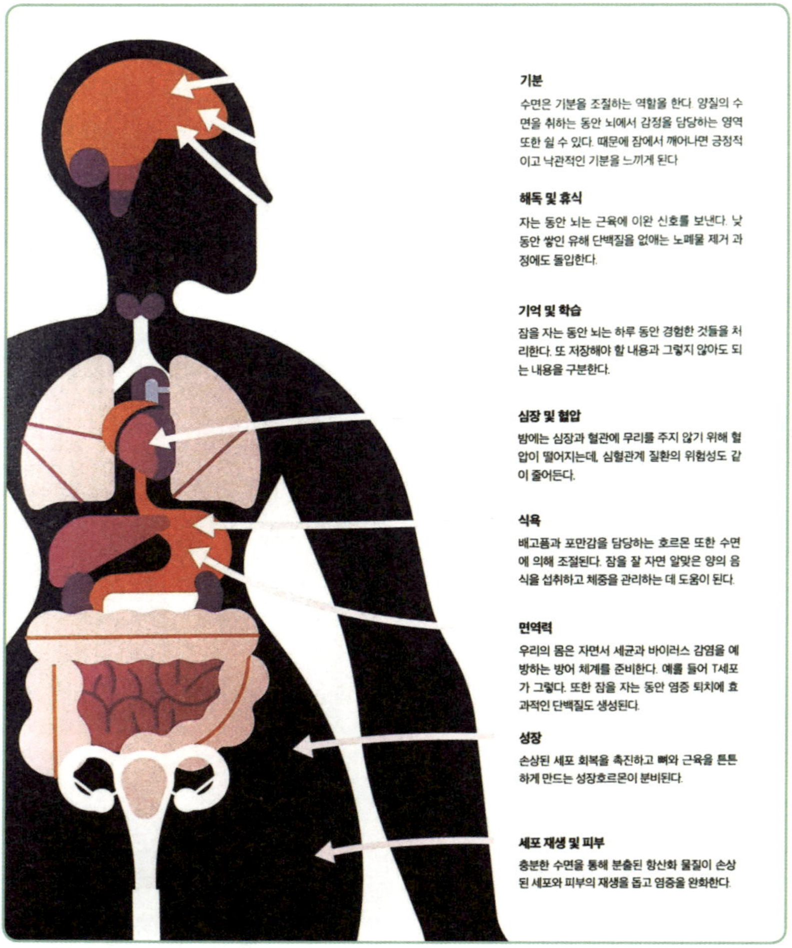

출처: The Science Of Sleep

QR Code로 영상을 시청해 볼까요?

동영상
[EBS 부모] 잠이 아이에게 정말 중요한 이유에 대하여

'잠이 아이들에게 중요한 과학적 이유'

잠은 두뇌 발달에 중요해요. 단꿈에 빠져든 아이는 렘수면 상태예요. 두뇌 활동이 활발해지는 렘수면 단계(꿈잠)에서 잠을 자고 있는 듯 보이나 뇌는 깨어있는 상태의 수면 단계이지요. 한창 자라나고 있는 아이의 잠은 두뇌 성장과 신체 발달에 좋아요. 렘수면 동안에는 몸 안의 혈액이 두뇌 쪽으로 몰려가서 두뇌 활동을 돕는데요. 성장기에 수면이 중요한 이유 중 하나는 성장호르몬 분비가 왕성해지기 때문이래요. 잠은 키 성장뿐만 아니라 기억력과 밀접한 관계가 있는데요. 깊은 잠을 자는 동안에는 발달하고 있는 근육 쪽으로 혈액이 흐른다고 해요.

초파리 실험을 통한 잠과 기억력의 관계 연구

초파리를 이용한 실험을 살펴보면 잠과 교육의 관계를 알 수 있어요. 실험 첫날 암컷 초파리에게 첫눈에 반한 수컷 두 마리는 구애 작전을 펼치지만 두 마리 모두 퇴짜를 맞았어요. 그날 밤 수컷 두 마리를 각각 다른 곳으로 분리해 놓고 한 마리는 잠을 재우고 다른 한 마리는 잠을 자지 못하게 했어요.
미국 세인트루이스 워싱턴 의과대학 신경생물학과 폴 쇼 교수는 이야기합니다. 파리는 잠을 안 자면 장기기억이 형성되지 않아요. 잠을 자면 형성되고요. 인간도 그렇지만 파리는 확실하죠. 다음 날 잠을 잔 수컷은 어제 암컷에게 거절당한 것을 기억하고 다가가지 않았어요. 반면 잠을 자지 못한 수컷은 어제 일을 기억하지 못해요. 이렇게 시냅스가 증가하는 건 궁극적으로 뇌에 나쁜 영향을 미쳐요. 뇌가 너무 꽉 차 있으면 원하는 걸 찾을 수 없기 때문이죠. 수면의 역할은 시냅스를 정리하고 제거하는 거예요. 쓸데없는 정보들을 정리해서 뇌에 공간이 생기면 원활해져요. 자는 동안 중요한 정보는 기억하고 불필요한 정보는 잊을 수 있게 해요. 그래서 두뇌에 최고의 효율을 줘요.

행복한 꿀잠은 아이의 두뇌 성장과 건강한 신체 발달을 지켜줍니다.

Q3 아이들의 심리 상태가 잠에도 영향을 미치는지 궁금해요?

QR Code로 영상을 시청해 볼까요?

동영상
[EBS부모] 아이의 심리 상태가 잠에도 영향을 미친다

노심초사로 주도권을 상실한 엄마의 모습에서 우월감을 느끼는 아이의 심리는 놀이에서 어떻게 나타날까요?

아이와 엄마가 잠으로 주도권 싸움.

잠을 재우려고 노심초사하는 엄마.

그런 모습에서 우월감을 느끼는 아이.

잠을 통한 주도권 경쟁에서 주도권을 상실한 엄마.

그런 모습에서 주도권 경쟁에서 잠 못 드는 아이.

엄마에게 반항했을 때 당황하는 엄마의 반응을 재미있어하는 경우 일종의 주도권 다툼으로 해석.

아이의 현재 심리 상태는 보통의 여자 아이들과 다른 놀이 패턴이 보여요. 미끄럼틀 놀이를 진행하는 활동적이고 에너지가 넘쳐요.

놀이에 대한 욕구가 매우 왕성해요. 정적인 양육 태도와는 상반돼요.

아이의 현재 심리 상태는 보통의 여자아이들과 다른 놀이 패턴.
아이의 놀이 상담 결과는 미끄럼틀을 중심으로 놀이를 진행하는 활동적이고 에너지가 넘침.
아이는 놀이에 대한 욕구 매우 왕성함.
아이의 대화 상담 결과 주된 관심사는 바로 '놀이'.
그리고 아이의 놀이 욕구와 엄마의 양육 태도와 매우 상반됨.
아이의 적극적이고 능동적인 성향과 달리 주로 정적으로 놀아준 엄마.

집 꾸미기 놀이에서 인형을 창고에 넣고 잠을 자게 한 아이는 잠을 싫어할까요? 불안해할까요? 하기 싫은 것을 강요받아 부정적 인식이 생긴 걸까요?
아이가 잠을 싫어하거나 불안해하는지?
집 꾸미기 놀이에서 인형을 창고에 넣고 잠을 자게 한 아이.
아이는 잠을 처벌, 하기 싫은 것을 강요받는 것과 같은 부정적 인식.
충분한 놀이와 신체 활동으로 ADHD(주의력 결핍 과잉행동장애) 예방 가능해요.
일상생활에서 놀이 욕구가 지속적으로 충족되지 않으면 잠과 돌출 행동이 나타날 우려도 있어요.

함께하기 내 삶에 적용해 볼까요?

Q4 자녀의 꿀잠을 키우는 환경 만들기

A. 자녀의 꿀잠을 높이는 과학적인 방법

[사례]
우리 뇌를 지키는 수면, 다양한 선택 중에서 운동 루틴이 잠과 삶을 바꾼다고 합니다. 왜 그럴까요?

- 꿀잠의 과학/불면을 숙면으로 바꾸는 서울대 수면 교수 3인 김유겸, 이유진, 최승홍 전문의 처방전이에요.
- 운동은 엔도르핀(endorphin) 분비를 증가시켜 스트레스와 긴장을 완화해주기 때문에 정신적으로 잠잘 준비가 되도록 도와요. 자신에게 맞는 수면에 좋은 아이들의 적당한 운동 루틴은 쉽게 잠들게 해줄 뿐만 아니라 더 깊게 잘 수 있도록 도와준다는 것으로 많은 스포츠 의학 연구 결과를 통해 확인할 수 있어요. 운동은 수면의 양과 질을 모두 높여줘요.

[사례]
아이들에게 휴가는 걱정을 내려놓고 완벽하게 쉴 수 있는 몇 안 되는 숙면의 기회 중 하나이죠? 일상에서 벗어날 때 잠을 더 잘 잔다고 느끼는 경우가 많은데 과학적 근거가 이를 어떻게 뒷받침해 주나요?

- The Science of Sleep/ 잠이 먼저 당신을 찾아오도록 만드는 수면과학의 모든 것의 헤더 다월 스미스 이야기입니다.
- 대개 휴가 중에는 아침 햇빛에 더 많이 노출돼요. 해가 더 길게 머무는 곳에 나가기 때문일 수도 있죠. 햇빛은 일주기 리듬을 평소처럼 유지하도록 도와요. 또한 숙면을 취할 가능성이 커져요.

  휴가 때는 일상생활의 제약과 의무에서 멀리 벗어날 수 있어요. 대개 스트레스 수치가 줄어들면서 수면에 영향을 주는 호르몬이 최적의 능률을 보여요. 나아가 바쁘게 움직여야 한다는 생각을 버리게 되므로 완벽한 정신적 휴식 상태, 즉 "멍 때리기"가 가능해요. 이는 가벼운 최면 상태로 뇌와 몸에 긍정적인 영향을 미쳐요. 깊은 잠을 자는 데도 도움을 줘요.

  휴가 중에는 주변 환경이 바뀌므로 집에서 형성된 부정적인 수면 연상이나 습관에서 벗어날 수 있어요. 머리를 비우고 푹 잘 수 있는 기회를 얻어요.

[사례]
우리 아이들의 몸은 언제 일어나고 자야 하는지를 본능적으로 알 수 있는 이유를 어떻게 알 수 있나요?

- 수면/잠 못들 정도로 재미있는 이야기로 구성된 니시노 세이지의 수면 과학의 메커니즘입니다.
- 지구에 존재하는 대부분의 생물은 고유한 생체시계를 가지고 있어요. 생체시계 덕분에 지구 자전에 맞춰 체내 심리 현상을 조절하는 생체리듬이 만들어져요. 인체의 다양한 심리 기능과 가장 관련이 깊은 것이 '일주기 생체리듬'이죠. 특히 아침 햇빛이 효과적이에요. 망막이 아침 햇빛을 감지하면 시교차상핵에게 정보가 전달되고, 생체시계가 리셋되어 지구의 시간과 생체시계를 맞춰요. 아침에 일어나면 아침 햇살을 만나고 생체시계를 맞추고 하루를 상쾌하게 시작할 수 있어요.

[사례]
3세 유아가 요즘은 낮잠을 안 자려고 합니다. 기관에서 낮잠을 안 자고 와서 오후 5시 하원 후 가정에 와서 피곤하여 잠을 자고 나면 새벽까지 잠을 안 자서 부모의 고민이 많아요. 또 기관에서 자지 않고 쉬어야 하는 아이들은 활동량을 어떻게 높여야 하나요?

- 숙면의 모든 것/니시노 세이지의 제대로 된 수면 습관 들이기를 바라는 마음을 담은 글입니다.
- 수면은 개인차가 있고 아이들은 부모의 생활패턴에 영향을 받아요. 밤늦게까지 깨어있으면 저녁형 생활 습관이 몸에 배고 다양한 수면 부채의 문제를 초래하죠. 일주기 유형에 따른 수면 양상은 수면 문제뿐만 아니라 신체 건강과 심리적 요인에도 영향을 미쳐요(허현정, 김진욱, 2021). 한 가지 이상적인 방법만을 사용하지 않고 각자의 생활에서 자신들에게 맞는 습관을 들일 수 있도록 과학적으로 올바른 접근할 수 있는 방법을 최대한 폭넓게 찾아가는 과정이 필요해요. 인간은 항상성의 생물이므로 체내 리듬이 흐트러진 원인을 깨닫고 규칙적인 생활이 삶에서 중요해요. 지금 온 가족이 수면 습관을 관찰 후 의견을 나누고 긍정적인 취침 루틴을 일관성 있게 실행해 보세요. 생체리듬을 바로 잡으면 수면은 변화해요. 그리고 오후 5시 이후 한시간 정도는 신체활동이나 산책을 할 수 있는 바깥놀이를 추천해요.
- 유아들은 대부분 4~5세 전후로 규칙적인 낮잠이 사라지기 때문에 야간수면 시간을 늘려 권장수면 시간을 충족시켜야 해요. 유아가 충분한 야간수면을 취할 수 있도록 적절한 환경을 마련해줄 필요성이 있어요(유연지, 김진욱, 2018). 그리고 육아지원기관의 등원 시각에 따라 유아의 하루 일상이 어떻게 달라지는지를 살펴보아야 하죠. 육아지원기관 운영에 있어 부모의 요구뿐만 아니라 유아의 건강과 성장의 발달 측면에서 최적의 운영시간을 결정하는 데 기초가 되기 때문이죠(박유정, 김진욱, 2016).

Q5 수면은 과학과 어떤 관계가 있나요?

잠이 아이들을 찾아오도록 만드는 과정, 수면과학

QR Code로 영상을 시청해 볼까요?

동영상 TED [러셀 포스터]
우리는 왜 잠을 잘까요?

우리는 일생의 36%를 잠을 자는 데 소비하게 되어 90년을 산다면 32년은 잠만 잔다는 뜻이죠. 신경과학자들은 잠이 중요한 이유로는 잠자는 동안 회복, 에너지 절약, 기억의 정돈이라고 해요. "잠을 잘 자면, 집중력과 주의력, 의사 결정력, 창의력, 사회성 및 건강이 향상돼요. 잠을 푹 자면, 기분 변화, 스트레스 분노 수치, 충동성 그리고 음주와 약 복용 습관이 줄어들게 돼요."

아이들의 다양한 취침 루틴 중 그림책을 함께 준비해 보세요.

우리 아이들 수면 루틴 만들기

전문가들이 말하는 취침 루틴(bedtime routine)이란 부모와 자녀가 잠들기 전 함께 실행하는 예측 가능한 일련의 다양한 활동들을 뜻해요. 가정에서 목욕하기, 수면 동화책 읽기, 함께 이야기 나누기 등이 이에 포함돼요. 빈번하게 시행되는 취침 루틴 활동은 문화에 따라 다소 차이를 보이는데, 국내의 경우 책 읽기, TV 시청, 목욕하기 등이 5~7세 유아에게 빈번히 시행되는 취침 루틴으로 보고되고 있어요. 이와 같이 유아가 잠들기 전 부모와 매일 규칙적으로 심신을 안정시키는 수면 전 활동에 참여하는 것은 유아가 더 쉽게 수면 상태로 전환될 수 있도록 도와 건강한 수면 패턴의 형성을 촉진해요(신나나, 박행우, 2023).

유아기 수면문제는 발달에 부정적인 영향을 미치므로, 이를 예방할 수 있는 취침 루틴의 역할 및 기능을 적극적으로 탐색해 볼 필요가 있어요. 매일 밤 가정에서 부모와 유아가 규칙적으로 취침 루틴에 함께 참여하는 것과 적응적 및 부적응적 취침 루틴을 빈번하게 시행하는 것은 유아의 정서 조절에 직접적인 영향을 줘요. 취침 루틴의 일관적인 시행이 수면문제를 감소시킴으로써 유아의 여러 긍정적 발달 결과들에 기여하는지를 살피는 것은 유아기 자녀를 둔 부모에게 올바른 취침 전 활동에 대한 개입방법 및 지침을 제공할 수 있으리라 기대해 봐요. 긍정적인 취침 루틴이 유아에게도 '잠 친구가 왔어,

이제는 잘 시간'이라는 사실을 그림책과 함께 자연스럽게 인지하고 편안하게 받아들이게 되는 거죠.
취침 루틴은 효율적인 수면을 촉진할 뿐 아니라 유아가 자신의 정서를 표현하고 이를 조절할 수 있는 기회를 제공한다는 점에서 정서조절의 발달과 밀접하게 관련될 것으로 유추해 볼 수 있어요.
이 취침 루틴의 시간들이 매일 매일의 경험으로 쌓이면 잠과 함께 행복하고 편안한 자신들만의 수면 이야기가 되고 아이들만의 잠 언어로 풍부한 표현력을 지닌 어린이로 성장하기를 기대해 볼 수 있어요.

◆ 자녀와 함께 볼 수 있는 책 소개

글: 이은경 / 그림: 이은경
출판사: 길벗어린이

다양한 의성어와 의태어로 표현된 낮잠 자는 모습들이 따뜻하면서도 부드럽게 흐르는 수채화로 그려져 보는 이들의 마음을 편안하고 포근하게 만들어 줍니다. 오늘도 잘 먹고 재미나게 놀면서 하루를 알차게 보낸 아이들에게 엄마의 품처럼 따스한 낮잠 시간을 선물해 주세요.

글: 한얼 / 그림: 한얼
출판사: 책읽는 곰

저마다 좋아하는 놀이에 빠져 있던 아기 동물들은 잘 시간이 되자, 각양각색 이불을 덮고 잠이 듭니다. "우리 사랑둥이, 이제 잘 시간이야!" 엄마의 말에 아이는 데굴데굴 굴러 세상에서 가장 포근한 잠자리로 쏙 들어갑니다. 아이에게 안정감을 느끼게 해주는 동시에 좋은 잠자리 습관을 기를 수 있도록 도와주는 그림책

글: 모 윌렘스 / 그림: 모 윌렘스
출판사: 봄이아트북스

뉴욕 타임스가 2000년대에 등장한 뛰어난 재능을 가진 그림책 작가라고 평가한 모 윌렘스의 대표 그림책 시리즈예요. 늘 계획하고 준비하는 제럴드와 즐거움을 추구하고 웃음을 유발하는 피기의 '꽁냥꽁냥' 일상 에피소드, 간결하고 함축된 문장, 풍부한 의성어와 의태어, 주인공의 감정이 잘 담긴 몸짓과 표정의 일러스트는 큰 감동과 웃음을 줍니다.

글: 나오미 다니스 / 그림: 박정화
번역: 김세실
출판사: 후즈갓마이테일

아이들의 복잡한 속마음을 대변한 '모두 다 싫어' 작가 나오미 다니스의 최신작. 할아버지, 할머니 또는 가족과의 이별을 경험한 사람들을 위한 책

참고문헌

박유정, 김진욱 (2016). 육아지원기관 등원시각에 따른 만5세 유아의 일상생활 차이. **육아정책연구, 10**(2), 83–103.

신나나, 박행우 (2023). 취침루틴이 유아의 정서조절에 미치는 영향: 수면문제의 매개효과. **한국가족복지학, 28**(1), 89–109.

유연지, 김진욱 (2018). 만 4세 유아의 야간수면시간에 영향을 미치는 변인분석. **육아정책연구, 12**(3), 55–76.

허현정, 김진욱 (2021). 유아의 일주기유형에 따른 수면양상과 일상생활의 차이. **생태유아연구, 20**(1), 157–179.

| 동영상 |

[EBS 부모] 아이의 심리 상태가 잠에도 영향을 미친다
https://youtu.be/ntKYrLjs8oY

[EBS 부모] 잠이 아이에게 정말 중요한 이유에 대하여
https://youtu.be/Cl0WMNxoEtk

[TED 러셀 포스터] 우리는 왜 잠을 잘까요?
https://youtu.be/ZYLNCB-PhQM

[TED 제프 리프] 숙면을 해야 하는 또 한 가지 이유
https://youtu.be/ujaeukcBOl8

[TED 클라우디아 아기레] 잠을 안 자면 어떤 일이 일어날까?
https://youtu.be/dqONk48l5vY

김현진 아동학 박사

명지대학교 대학원 아동학과 박사졸업
현, 서영대학교 유아교육과 외래교수
명지대학교 보육교직원 보수교육 외래교수
교육부 · 육아정책연구소 표준보육과정
전문 컨설턴트
강의 요청 및 상담: happy.0040@daum.net

CHAPTER 6 _ 미디어 "놀자~ 미디어와 함께"

CHAPTER 7 _ 예술과 창의성 "창의성이 완성되는 시기"

CHAPTER 8 _ 성 행동 "평생의 성 인식이 자라는 시기"

PART 3

다양한 세상 만나기

CHAPTER

6

미디어

"놀자~ 미디어와 함께"

들어가기

매일 놀기만 하는데 괜찮을까요?

유아교육기관에서 가정으로 돌아온 후
방 안 가득히 놀잇감을 펼쳐놓고
놀이하는 우리 아이, 이제 초등학교를
준비하는 학습을 어느 정도는 해야 할 텐데
매일 놀기만 하는데
괜찮을까요?

매일 놀이만 하는데 괜찮을까요?

놀기만 하는 데 발달에 뒤처지는 건 아닐까요?

현재, 놀기만 한다고 고민하고 계신 부모님이 계실까요?

놀이하는 것만으로도 충분히 전인 발달이 되고, 학습에도 도움이 되는지 궁금하신가요?

박사님! 제대로 된 미디어 놀이에 대해 궁금해요~

최근에 교육과정이 개정되면서
놀이를 더욱 강조하고 있어요.
그런데 유아교육기관에서도 놀이하고
가정에 와서도 놀기만 하는데 학습이나
발달에 뒤처지는 것은 아닌지
불안하기만 해요.
미디어를 활용하여 즐겁게 놀이하면서
배우는 것이 학습에 도움이 될까요?
궁금해요.
좋은 방법은 없을까요?

이미숙 박사

살펴보기

놀기만 해도 괜찮을까요?

유아교육에 대한 관점

유아교육은 시대의 흐름에 따라서 계속적으로 변화되어 왔어요. 특히 2013년 이후 누리과정을 적용하는 방법으로 놀이가 대두되었고, 놀이를 중요하게 생각하게 되었죠. 그래서 부모는 유아교육기관에서 놀이를 하는데 정말 놀이만 하고 학습은 안 해도 되는지에 대한 불안감이 있어요. 정말 놀이만 해도 우리 자녀가 한글을 익히고, 학교에서 학습을 하는 데 문제가 발생하는 것은 아닐까에 대한 부모의 걱정을 해소하기 위해 놀이의 중요성과 미디어 놀이를 통한 학습방법을 소개하면서 관점이 전환될 수 있도록 이야기해 볼게요. 과거 부모가 자라왔던 방식과 전혀 다른 디지털 세상을 현재의 자녀는 살아가고 있어요. 놀이 또한 미디어를 활용하는 것이 많아졌어요. 현재의 유아가 성인이 되어 살아갈 미래 세계는 많은 변화가 있을 거예요. 그 변화에 대처할 수 있도록 부모가 도와주는 것이 필요해요.

어떤 방법으로 도와줄 수 있을까요? 미디어는 유아의 뇌발달에 영향을 미치기에 제한을 두고 있지만 한계가 있어요. 부모는 이러한 미디어를 적극적으로 활용하여 놀이할 수 있도록 기회를 제공해 주고, 함께 탐구하면서 놀이를 하는 거죠. 흥미에 따른 다양한 놀이만 해도 전인적인 발달을 할 수 있으며, 다양한 미디어를 활용한 놀이를 통하여 창의성을 발달시키고, 새로운 프로젝트를 하나씩 또래와 협동하여 해결하면서 미래사회가 요구하는 인재상이 되도록 도와줄 수 있어요. 유아기에 부모가 어떻게 놀이를 해야 하는지 어떤 미디어 놀이가 있는지 함께 알아볼게요.

동영상 [유아들의 꿈은 놀이에서 자란다] 1부. 우리 아이, 놀게 해도 될까요?

동영상 [놀이의 중요성]–놀이도 교육이다.

Q1 놀이만 해도 되나요?

놀이란?

예전부터 유아교육에서 가장 적합한 교수-학습 방법으로 인식하면서 놀이를 학습의 핵심을 보는 피아제의 관점이 지배적이었어요. 그리고 구성주의적인 관점에서 놀이는 '자유롭게 선택하고 비문자적인 것으로 생각하여, 역할놀이나 가상놀이 등 몸을 사용하는 놀이와 같은 형태(Rubin, Fein & Vandenberg, 1983)'로 인식되었어요. 레지오 에밀리아는 혁신적인 교육방법으로 유아가 능동적이며 스스로 의미를 창조하는 유능한 존재로 인식하여 주도적인 활동을 하는 것에 바탕을 두고 있죠.

유아에게 '놀이'는 감정과 기억을 연결해 주는 주도적인 활동이에요. 특히 놀이의 새로운 심리적 기능은 상상하는 것인데 비고츠키(2005)에 의하면 상상은 유아와 자신이 속한 현실을 연결하도록 만들어주는 종합적인 개념화를 위한 사회적 상황이라고 해요. 즉, 유아는 놀이를 통해 다양한 가상적인 상황을 만나게 되고 이러한 상상을 마음껏 놀이를 통해 펼치면서 사회적인 상황을 인식하면서 개념화하는 것이지요.

네, 놀이만 해도 충분해요.

어린이집과 유치원에서 활동하는 개정누리과정의 핵심은 유아가 중심이 되고 놀이가 살아나는 교육과정을 추구하는 것이죠. 그런데 놀이가 살아난다는 것이 뭘까요? 왜 이렇게 놀이를 강조하고 있을까요?

그것은 교사중심의 학습을 위한 놀이가 아닌 유아가 계획하여 다양하고 자율적이며, 문제해결적인 놀이를 하여 그 속에서 스스로 발견해 내는 배움을 설명하고 있어요. 예를 들면, 더운 여름에 유아가 가정에서 선풍기를 보고 어떤 원리로 돌아가면서 시원한 바람을 만들어 내는지 궁금해 한다면, 개정 전의 유아교육 현장에서는 선풍기의 구조와 바람의 원리 등을 교사가 다양한 교구재를 준비하여 수업을 하였지요. 그런데 개정 이후 놀이는 교사가 선풍기의 구조를 알기 위해 무엇이 필요한지 발문을 하여 유아가 다양한 방법(인터넷 검색, 도서 등)으로 구조를 찾아보고 유아들이 직접 선풍기를 분해하거나 동영상을 통하여 구조를 이해하고, 바람이 어떨 때 부는지 실험이나 직접 체험 등을 하면서 문제를 해결하는 과정에서 배움 혹은 학습이 되는 것이죠. 유아가 스스로 궁금증을 해결하기 위해서 찾아가는 과정 자체가 배움이 돼요. 그렇기 때문에 놀이만 해도 충분하죠.

이러한 놀이에 대한 관점이 변화하면서 교사의 역할도 변화가 생겼어요. 교사가 준비하여 지도하는 놀이가 아닌 유아가 놀이를 하면서 필요한 교구재를 직접 선택하고 다양한 방법으로 문제를 해결하고자 노력할 때 지원하고 돕는 역할을 하죠.

그러면 부모는 어떻게 놀이를 하면서 배울 수 있도록 도와줄 수 있을까요?

피아제는 유아기를 전조작기라고 해서 놀이를 하면서 스스로 만지고 탐색하면서 자신의 흥미를 탐구하여 학습을 한다고 했어요. 즉, 이 시기에는 자신의 손으로 눈으로 오감으로 만져지고 만질 수 있는 다양한 놀이를 탐색하면서부터 학습이 이루어져요. 한번 경험을 하고 나면 이후에는 더 많은 탐구, 즉 학습이 생겨요.

자유로운 탐색에서 학습이 시작되도록 도와주세요. 즉, 가정에서 자녀가 놀이할 때 무엇에 흥미를 갖고 있는지 관찰해 보세요. 이런저런 다양한 놀이를 하는 중에도 관심을 보이는 놀이가 있거나 "이건 왜 그래?", "이건 어떻게 되는 거야?"와 같은 호기심이 가득한 질문을 한다면 함께 궁금증을 해결하기 위한 놀이를 해요. 즉, 궁금증 해결을 위해 방법을 찾고 찾아가는 과정에서부터 학습이 되죠.

Q2 혼자 자라는 데 괜찮을까요?

4차 산업혁명시대에 미래형 인재로 성장시킬 수 있는 유아에게 꼭 필요한 역량 다섯 가지를 제시하였어요(이미란, 홍순옥, 2018). 생각하고 행동하는 능력(디지털 리터러시, 논리적 사고력 등), 성과를 만들어내는 능력(스스로 목표를 설정하고 달성하는 자신감), 공생과 협업 능력(인공지능 로봇과 의사소통), 수리력과 어휘력(과학, 기술, 공학, 수학을 강조하는 STEM), 정보리터러시(사회변화를 간파하는 능력)로 설명하고 있어요. 미래에는 여기의 모든 역량이 다 중요하지만 그중에서도 언제 어디서나 필요한 정보나 지식을 찾고 정보를 활용하고 공유할 수 있는 능력이 가장 필요하다고 해요. 필요한 정보를 어디에서 찾을 수 있는지 또 어떻게 적용하면 되는지 부모와 자녀가 놀이를 하면서 배워갈 수 있어요.

유아가 주도적인 놀이를 하고 또래와 협동놀이를 하도록 도와주면 좋아요.
피아제(1952)는 유아를 지식의 구성자라고 했어요. 유아는 세상에 대한 능동적인 탐색, 동화와 조절의 과정을 통해서 지식을 획득하여 학습한다고 하였죠. 즉, 유아가 혼자놀이할 때는 스스로 탐구를 하면서 놀이하여 지식을 습득하고, 또래와는 문제해결을 위해서 서로 협동적으로 상호작용하면서 놀이하여 학습한다고 보았어요. 그러므로 혼자 자란다고 고민하기보다는 유아교육기관에서는 또래와 교사와 상호작용하면서 놀이를 하고, 가정에 와서는 부모와 상호작용을 하면서 놀이하도록 도와주면 좋아요. 자녀가 미디어와 놀이를 하고 있더라도 부모가 함께하는 적극적인 상호작용이 꼭 필요한 이유예요.

| 동기부여 |

유아교육기관 교실에 컴퓨터를 도입하여 개방형 소프트웨어와 스마트 칠판을 사용하게 되면서 유아는 미디어 놀이에 높은 동기부여가 돼요. 이유는 유아교육기관에서 사용하는 개방형 콘텐츠나 앱으로 활동하면서 결과를 예측까지는 못해요. 그럴 때 또래와 직면한 문제들을 해결하기 위해서 다양한 결정을 하게 되고 이러한 과정은 도전이 되면서 다양한 프로그램을 탐색하면서 기술을 습득하게 되어 자존감과 능력이 증진되는 효과가 나타나죠. 즉, 유아가 유아교육기관에서 경험하는 웹 활동은 가정에 와서도 탐색과 학습에 활용되어서 주도적 능력을 습득하게 되어요. 유아 때부터 학습에 활용할 수 있는 콘텐츠들을 적절히 제공해 주게 되면 유아의 상상력과 호기심을 자극하여 학습에 대한 동기부여가 돼요. 가정에서도 부모가 유아와 활용할 수 있는 다양한 미디어 놀이를 함께 하면서 학습에 대한 흥미를 유지할 수 있게 도와줄 수 있죠.

◆ **자녀와 함께 놀이해 보세요**

그림책 박물관	어린이 박물관-온라인 전시	퀵드로우-그림 그리기

Q3 놀기만 하는데도 발달이 될까요?

발달촉진

샤인골드(1986)는 비고츠키의 비계를 자신의 연구에서는 유아의 컴퓨터 경험에 적용하여 컴퓨터 효과를 '컴퓨터 비계설정'이라고 하였어요. 유아가 소프트웨어를 사용하여 집을 짓고 도시를 만들기도 하는데 사전 기술이 필요하지는 않아요. 집을 건설하면서 유아는 공간개념, 선, 각도, 측정, 건축기술 등을 탐색하고 발견하면서 인지발달을 촉진하게 되죠. 또한, 미디어를 활용한 놀이는 유아의 언어발달에도 영향을 미치죠. 이유는, 유아가 스스로 발견하거나 창조해 낸 놀이를 하면서 자신의 생각을 프로슈머(prosumer)로 표현을 할 수 있어요. 프로슈머란 생산자(프로듀서: producer)와 소비자(컨슈머: consumer)의 합성어로 소비자로서의 사람들이 콘텐츠를 직접 생산하고 소비하는 역할을 동시에 하게 된다는 의미이죠. 새로운 정보를 쉽게 받아들이고 자신의 경험이나 생각을 미디어의 형태로 표현하는 미디어 사용자이기도 해요. 정보를 찾기 위한 언어적 표현과 활용이 꼭 필요하며, 이러한 과정에서 인지발달과 언어능력이 발달되죠.

코딩은 컴퓨터 언어라고 하는 코드(Code)를 활용하여 컴퓨터 프로그램을 만들어요. 코딩을 통해서 유아가 스스로 그림을 그리거나 이야기를 만들어서 놀이할 수 있어요. 코딩교육이 해외에서는 2013년부터 컴퓨터 과학 과목에서 확대되어 왔으며, 우리나라는 소프트웨어 실현 전략으로 중학교 때부터 실시하고 있어요(이경우 외, 2019). 그러나 유아를 위한 게임 등을 통해 자연스럽게 원리를 이해할 수 있는 교육이 현장에서 확대되고 있기도 해요. 그러기에 부모가 최근의 코딩 게임이나 코딩 원리를 이해하고 코딩 로봇을 함께 활용한다면 유아와 상호작용을 통해서 자녀의 흥미를 유지할 수 있으며, 창의력과 상상력을 지원하는 데 도움이 되죠. 부모가 코딩과 인공지능과 같은 기술을 유아와 함께 배우면서 과학적 사고를 하는 것이 중요해요. 유아기 때부터 과학적 사고를 하도록 도와주고 과학적 재능을 키워주는 것이 필요하겠죠.

놀기만 하는 데 발달에 정말 도움이 될까요?

제4차 산업혁명 시대를 맞아서 세상이 필요로 하는 인재상이 변화하고 있어요. 미래를 살아갈 우리의 자녀에게 필요한 역량은 미디어가 확산된 사회에서 다양한 미디어 문화에 참여하며, 필요한 것을 제대로 이해하고 선택하여, 문제해결 능력, 창의성, 협동심, 인성, 시민의식, 의사소통 능력, 이해배려 능력, 리더십, 비판적 사고를 비판적 사고를 할 줄 아는 자기주도적 학습을 하는 것이죠(김창숙 외 2023).
그러면, 부모는 유아가 자기주도적 학습을 할 수 있도록 어떻게 도와주면 될까요?
유아가 무언가 흥미와 관심을 보인다면 그럴 때는 좋은 학습의 기회라는 생각으로 함께 책을 찾아보거나 인터넷 검색을 해볼 수 있도록 하는 데서 배움이 시작돼요.

유아는 놀이를 하면서 탐색과 발견, 시행착오, 가설검증과 같은 인과관계를 경험하면서 다양한 기술을 습득하고 세상을 배우면서 인지, 언어발달이 활발히 이루어져요. 발달에 적합한 컴퓨터를 비롯한 ICT, 스마트 경험은 유아가 능동적으로, 동기화하며 통합적 학습경험이 나타나면서 전인적 발달이 이루어져가요. 최근에는 인공지능 경험을 비롯한 유아가 주도적으로 탐색하는 학습 경험을 위해 다양한 청각적, 시각적 정보를 획득하여 부모와 상호작용하면서 문제해결력을 키울 수 있어요.

Q4 부모는 어떻게 미디어 놀이를 지도하면 좋을까요?

자녀와 놀이방법을 하나씩 찾아보는 게 중요하죠. 그리고 미디어 놀이의 무한 가능성을 발견하고, 놀이를 더욱 풍부하게 해줄 컴퓨터와 웹캠, 프로젝터, 메타버스, 로봇, 코딩을 활용하는 방법을 알아두면 좋아요. 유아들이 가장 활용을 많이 하고, 사용이 편리한 3D펜, QR 코드와 SNS로 동영상 공유, 뮤직앱(크롬 뮤직 랩, garage band 등), 사진앱(스노우 등), 사진촬영 AR앱(키즈리 등) 디지털 매체들을 활용하여 놀이할 수 있는 방법도 부모가 알고 있다면 도움이 될 거예요.

동영상 경기도 교육청–디지털 매체를 활용한 놀이–교실 안 동물원

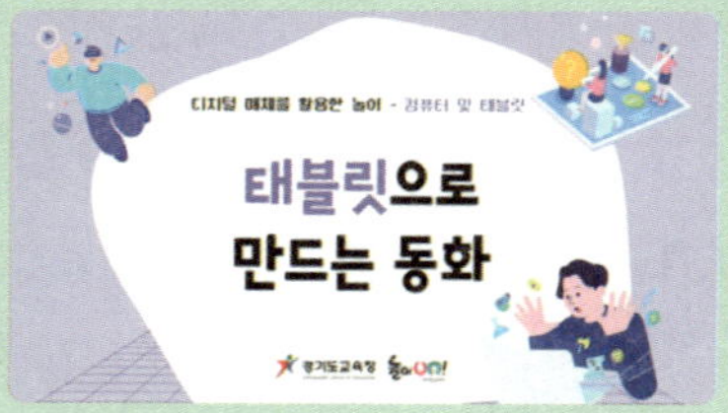

동영상 경기도 교육청–태블릿으로 만드는 동화

먼저 **컴퓨터**와 스마트폰은 다른 성격을 가지고 있어서 학습에 활용하고자 할 때는 데스크탑이나 노트북을 활용하는 것이 더 좋아요. 유아가 검색 기능에 흥미를 가장 많이 느끼는데 궁금한 것을 해결하는 방법이기도 하지만 텍스트의 결과보기보다 정보 결과가 이미지로 나오면 이해하기도 쉽죠. 특히 한글을 읽고 쓰는 능력이 조금 부족한 유아라면 음성검색을 활용하여 또래 간의 상호작용을 이끌어낼 수 있죠. 유아들이 많이 활용하는 쥬니버(유아용 네이버 포털 사이트)를 웹브라우저 홈페이지로 등록해두어 검색할 수도 있는데 검색 필터링 설정을 부모님들이 자녀보호모드, 키즈모드 등으로 필수로 미리 잘 해두어야 해요.

웹캠으로 스마트 패드나 빔프로젝터 등 다른 기기와 연결하여 놀이 상황을 공유하고 전달하기도 해요. 웹캠으로 놀이에 필요한 상황을 구성하면서 시간적 · 공간적 개념이 발달하고, 자신의 생각을 보완 · 수정하면서 자신만의 공간으로 만들어가기도 하죠.
유아가 교구로 역할놀이를 하기도 하지만 자신이 직접 영상의 주인공이 되어 즉흥적으로 즐거운 놀이를 만들어 내기도 하죠. 웹캠을 활용하여 커다란 화면을 공유하면서 또래와 새로운 놀이를 만들어가기도 하죠. 같은 공간에서 혼자놀이하던 유아도 이러한 활동에 흥미를 보여서 함께 협동하며 놀이하기도 하죠. 스토리보드와 역할 목걸이도 만들어 촬영을 직접하고 교사는 기기를 잘 활용할 수 있도록 지원을 해주죠.

프로젝터는 빛으로 영상을 확대하여 스크린에 비추어주는 기기인데, 회의실이나 사무공간에서 주로 사용되었으나 최근에는 가정용 제품들이 많이 출시되면서 캠핑장과 같은 야외에서도 많이 활용되고 있죠. 프로젝터의 가장 큰 특징은 큰 화면인데 컴퓨터에 연결하여 유아가 그린 그림을 놀이 배경으로 하여 놀이하기도 하고, 새로운 작품을 만들어 내기도 하여 미디어 예술경험을 쉽게 할 수 있죠. 또한 유아가 실제 경험하기 어려운 공간을 배경으로 구성하면 아쿠아리움으로도 변하고, 몸 속 세상이 되기도 하는 놀이동산이 돼요.

메타버스 또는 인공지능 가상 세계는 가상, 초월을 의미하죠. 메타버스는 기존의 플랫폼이나 다른 콘텐츠와 차별화된 세계관, 창작자, 디지털 통화, 일상의 연장, 연결 등 특징을 가지고 있죠. 즉, 메타버스에서는 누구나 아이템을 만들어 공유하거나 판매가 가능하여 자신의 스토리와 일상, 아바타 등의 콘텐츠를 창작하고 확장시켜 나갈 수 있죠.

Q5 미디어 놀이는 안전할까요?

미디어 세상 속의 기술은 유아들 가까이에 더 보편화되고 있죠. 그래서 유아가 미디어를 잘 활용하되, 유해한 환경에서 어떻게 안전하게 지켜줄 수 있는지 고민이 많이 되죠. 특히, COVID19로 인터넷 공간에서 시간을 보내고 미디어 노출 비중이 높아지면서 '디지털 안전교육'의 요구가 증가하였고, 아동권리의 중요성이 강조되고 있죠. 유아교육기관에서 실시하고 있는 사이버 중독예방의 일환으로 과의존 예방과 같은 교육도 중요하지만 부모는 인터넷 환경에서의 예절, 초상권, 미디어 기기 사용법과 같은 일상생활에서 미디어를 활용할 때마다 안전을 알려주는 것이 필요해요.

유아의 건강을 위해서 수면 전에 미디어 시청을 자제하는 것도 필요해요. 이유는 다양한 미디어 기기는 짧은 파장이나 블루라이트를 방출하기에 자연적인 수면과 기상주기에 영향을 미쳐요. 유아기에 야간수면은 9~12시간 동안 규칙적으로 이루어지는 게 중요하죠. 규칙적인 수면은 정서 조절력, 주의력, 성장호르몬 촉진, 스트레스 해소 등 중추신경계 회복에 좋은 영향을 끼치며, 수면이 부족하게 되면 생식기관과 면역력에 부정적인 영향을 끼쳐요.

규칙적이고 편안한 수면을 위해서 잠자기 전에는 매일 15분 정도 14세까지 그림책을 읽어주는 습관을 길러주어 디지털과 친근한 생활을 하면서도 가장 중요한 대인관계 능력 중 공감 능력을 향상시켜 주는 것이 중요하죠(박형주, 2022).

미디어를 검색하거나 창의적인 결과물을 만들어 내는 것을 즐겨하는 유아들일지라도 타인의 소중한 개인정보가 들어간 모든 것은 「개인정보보호법」에 의해 보호되어야 한다는 것을 자녀에게 알려줄 필요가 있어요. 그중에서 특히, 부모가 자녀의 사진을 SNS에 자주 게시하는 것이 습관화되어 있다면 초상권 등에 취약할 수 있으므로 부모가 이를 먼저 중요하게 다루고 지켜주는 것이 필요해요.

유아기에 부모와 오감을 통해서 놀이를 하면서 행복했던 기억은 평생의 감정 기억으로 남아서 자녀가 성장하면 할수록 이 시기의 추억을 먹고 자라가요. '앞으로 잘될 거야', '무엇이든지 잘할 수 있어'와 같은 긍정적인 부모의 언어를 계속 듣고 자란 유아는 다가오는 미래 사회가 불안하고 예측 불가하지만 어려운 문제들을 잘 헤쳐 나갈 수 있어요. 자녀가 어떤 상황에서도 긍정적인 방법으로 문제를 해결해 나갈 수 있는 힘을 길러주는 것이 가장 중요하죠. 부모가 얼리어답터가 되어서 자녀와 함께 인공지능 체험도 하고 적극적으로 멀티미디어 놀이를 할 수 있는 박물관이나 인터넷 환경을 찾아서 놀이하다 보면 불안감보다는 긍정적인 자존감이 더욱 많이 생길 수 있을 거예요. 미래에 꼭 필요한 인재로 자녀가 성장할 수 있도록 다양한 놀이를 통해 배울 수 있도록 도와주세요.

함께하기 부모는 어떻게 생활 속에서 실천해야 할까요?

◆ 부모를 위한 책 소개

글: 문석현
출판사: 메디치

기술이 발전하면서 급격한 변화가 일어나고 있는 미래 사회를 살아갈 지금의 아이들을 걱정하는 부모가 현재부터 자녀를 위해 준비해야 할 것을 하나씩 풀어내면서 들려주는 이야기들이 담겨 있어요.
기회가 지금보다 더 많아지는 미래를 즐겁게 받아들이고, 현재의 부모와 함께 미래 사회에 꼭 필요한 인재가 되기를 희망하면서 저자의 경험과 이야기를 풀어내는 책이에요.
미래에 대한 막연한 불안감보다는 책을 통해서 차근히 미래를 준비해 보면 어떨까? 하는 마음으로 추천합니다.

◆ 자녀를 위한 책 소개

글: 이수지
출판사: 비룡소

2022년 안데르센상을 수상한 책이에요. 비발디 『사계』 중 「여름」에 모티브를 두고 아름답고 강력한 드로잉 그림으로 보고 QR코드로 음악을 들으면서 감상하면서 상상할 수 있는 그림책

글: 류재수
출판사: 보림

글이 없는 그림책으로 색과 피아노 연주가 가득하며 13장면, 13곡이 만나 영상처럼 흥미로운 경험을 하게 하는 책. 책장을 넘기면서 그림을 통해 유아의 상상력을 불러오게 하고, QR코드로 그림책을 보고 음악을 들으면서 창의력을 향상시켜줄 수 있는 그림책

글: 이영득 / 그림: 한병호
출판사: 보림

산림청 개청 50주년을 기념으로 발행된 책. 봄 숲에는 어떤 꽃들이 가득한지 꽃 이야기들과 우리나라 국토 63%가 산이어서 숲의 중요성을 이야기로 구성되어 있어서 즐겁게 읽을 수 있어요. 또한 QR코드로 다양한 봄꽃을 확인해 볼 수 있는 그림책

참고문헌

김창숙, 김은아, 이주현, 이선혜 (2023). **유아 멀티미디어 놀이교육**. 창지사.

김호, 김윤주, 김인애, 김진국, 민동선, 박정현, 서형준, 유정인, 윤민아, 이민영, 이성주, 이하영, 장슬아, 한유진, 현지호, 홍정기 (2022). **유아교육기관에서의 디지털 놀이와 활동**(1). 공동체.

박형주 (2022). 내가 살아온 세계와는 다른 세계에서 살아갈 아이들. 한국유아교육학회 2022년 추계학술대회 자료집.

이경우, 곽향림, 정경진, 이윤희 (2019). **그룹게임: 코딩과 lc 사고 놀이**. 창지사.

이미란, 홍순옥 (2018). PBL 기반 예비유아교사의 교직윤리 교육 프로그램 개발 및 효과. **열린유아교육연구, 23**(1), 479–506.

임은미 (2023). **유아교사가 알아야 할 인공지능의 모든 것**. 공동체.

Piaget, J. (1952). *Play, dreams and imitation in childhood*.

Rubin, K. H,. Fein, G. G., Vandenberg, B., Musscn, P. H., & Hetherington, E. M. (1983). *Handbook of child psycbolohy, Vol.4: Socialization, persanality, and social development*. New York, 30–34.

Sheingold, D. W. (1986). Unintended results of Medicare's national prospective payment rates. *Health Affairs, 5*(4), 5–21

Vygotsky, L. S. (2005). Appendix: From the notes L. S. Vygotsky for lectures on the psychology of preschool children. *Journal of Russian and East European Psychology, 43*(2), 90–97.

| 동영상 및 관련 사이트 |

경기도 교육청–디지털 매체를 활용한 놀이–교실 안 동물원

https://youtu.be/RunF1YV8nao?si=H5EmnpGIO9mr_k_m

경기도 교육청–태블릿으로 만드는 동화

https://youtu.be/tuXXgy3sUWc?si=Tcclm05MuCJKgiQg

그림책박물관 https://picturebook-museum.com/main

나무위키, 초상권 침해 https://namu.wiki/w/%EC%B4%88%EC%83%81%EA%B6%8C%20%EC%B9%A8%ED%95%B4

놀이의 중요성 https://youtu.be/SPY1zKd8rAI?si=rUYSxhzwxb26Yj-e

[유아들의 꿈은 놀이에서 자란다] 1부. 우리 아이, 놀게 해도 될까요? https://youtu.be/PT5lVWKprGQ?si=hMUAczRLE6OR7SHJ

제페토 국립중앙박물관 어린이박물관 https://www.museum.go.kr/site/child/exhibit/online/list

퀵드로우-그림 그리기 https://quickdraw.withgoogle.com

이미숙 아동학 박사

명지대학교 대학원 아동학과 박사졸업

전, 우리누리어린이집 원장

현, 시립꿈마루어린이집 원장

강의 요청 및 상담: akckfkd@gmail.com

CHAPTER 7

예술과 창의성

"창의성이 완성되는 시기"

들어가기

유아에게 예술이란 무엇을 의미하는 걸까요?

유아에게 예술이란
스케치북에 많은 그림을 그리는 것,
소꿉놀이를 하면서 알 듯 모를 듯 중얼거리며
노래를 지어 부르는 것, 노래가 나오면 흔들며
자기만의 춤을 추는 것 등을 의미해요.
즉 유아에게 예술은 본능 그 자체로
누가 시키지 않아도 자연상태로
놀이를 하는 것이에요.

이 그림은 무엇을 표현한 것일까요?
예술성이 있어 보이나요?
아니면 예술적인 표현이 뛰어나 보이나요?
아니면 그림의 표현에 창의성이 있어 보이나요?

유아에게 예술 활동이 본능 그 자체라면 부모와 교사의 교육적인 역할 없이 그냥 그대로 두어도 괜찮을까요?

박사님! 창의성이 궁금해요~

예술은 유아의 뇌 발달 중
전두엽을 자극하고 발달하는데
도움을 주지요.

노래하고 춤추고 그림 그리는
놀이는 신체 발달, 눈과 손의 협응력,
정서 및 감정조절 능력과 창의력을 길러줘요.

정답이 없는 예술!!
유아가 자기만의 방식으로 표현하는
예술적 표현에 부모는
어떻게 창의성을 길러줘야 할까요?

안명옥 박사

살펴보기 유아에게 예술은 어떻게 작용하는 걸까요?

유아기 예술

유아에게 예술은 어떻게 작용하는 걸까요? 언어적인 표현이 미흡하고 평가하는 능력이 미흡하다고 유아가 예술에 대해 아무것도 모를 것이라고 생각하면 안 돼요.

유아의 예술은 배움에 대한 중요한 습관을 길러준다고 해요.

호기심을 가지고 표현하려고 하는 능력, 무엇이든 해보려고 하는 가능성, 해보고 또 해보는 반복연습의 의지 등을 통해 유아들은 세상을 습득하고 성장해 나가요(김태희,2021).

또한 예술은 표현하는 데 있어서의 자신감, 무엇인가 해 보려고 하는 동기부여, 친사회적인 행동을 강화하고 문제해결과 의사소통 능력, 사회성을 길러주죠.

그러기에 유아기에는 양질의 예술교육이 제공되어야 해요.

예술로 놀이해요

예술로 놀이한다는 것은 유아에게 예술을 가르치고 교육해야 하는 것이 아니에요. 자신을 표현하고 즐거움을 찾고 아름다움을 찾는 것이

인간의 본능인 것처럼 예술은 자연스러운 본능인 거예요.
예술은 취미나 전문기술이 아닌 음식이나 운동과 같이 유아의 성장에 관여하는 도구이기 때문에 예술은 모든 유아에게 평등해요.
모래나 흙에 그림을 그리는 아이들에게나
무독성 클레이를 가지고 노는 아이들에게나
예술은 똑같이 소근육을 발달시키고 협동심, 사회성, 미적 감각과 조형 능력을 키워주죠.
그렇기 때문에 예술은 부와 빈곤, 재능의 유무와 관계없이 모든 아이의 것이고 모든 인간의 것이라고 할 수 있어요.
세상 모든 엄마의 모유처럼 인간이 성장하는 과정에 예술은 한없이 평등하고 따뜻하게 곁에 있어요.

Q1 예술로 어떻게 즐겁게 놀이를 할 수 있나요?

우리나라 누리과정에서 제시하는 예술경험의 목표의 동사는 "느낀다, 즐긴다, 존중한다, 찾아본다, 부른다, 만들어 본다, 표현한다, 친숙해진다"의 단어로 되어 있어요. 실제로 유아가 경험해야만 하기 때문에 '예술경험' 즉 예술을 경험해 보는 영역인 거예요.

예술은 가르치거나 주입하거나 강압적으로 하는 것이 아니라 즐기고 느끼고 존중하고 찾고 표현해서 친숙해지는 거예요.
목표지향적이고 평가적인 학습 대신 스스로 즐거운 놀이에 몰입할 때 느낄 수 있는 긍정적 정서와 창의적 사고를 지향하고 있다는 것을 알 수 있어요.
유아 자신이 먼저 본인의 예술을 즐겨보고 느껴보고 나의 예술과 친구의 예술을 존중해 주고 마음속에 있는 감정을 마음껏 표현하다 보면 즐거운 놀이 속에 예술이 표현되는 거예요.

Q2 예술은 어떻게 표현될까요?

예술은 '창의적인 예술'과 '기술적인 예술'로 나눌 수 있어요.
노래를 작곡, 작사하는 것, 그림을 그리는 것, 느낌대로 신체를 표현하는 것은 창의적인 예술표현이에요.

반면, 악기를 연주하는 기법이나 전통음악, 전통무용 등의 전수, 그림 그릴 때의 기법들은 기술적인 예술에 속하지요.
기술적인 예술표현은 전공자나 좀 더 다양한 표현을 원하거나 전통을 전수하고자 하는 사람들이 표현하는 예술이라고 한다면,
창의적 예술표현은 기술적 능력이 부족한 유아나 처음 예술을 접하는 이들, 또는 미적 경험에서 오는 즐거움과 창의적 사고훈련을 위

한 사람들이 표현하는 예술표현 방법이라고 할 수 있어요.
또 예술표현은 '예술을 위한 표현'과 '예술을 통한 표현'으로 나눌 수 있어요.
예를 들면, 예술을 위한 표현은 여러 가지 재료로 바닷속을 상상하며 그림을 그리는 것을 의미하고, 예술을 통한 표현은 그림을 도구로 삼아 바닷속 생물의 종류와 생김새를 익히게 하는 것이에요.
우리 유아들에게는 예술을 위한 표현보다는 예술을 통해서 전인적인 발달을 이루게 하는 것이 중요하겠죠.

유아교육 현장에서 재롱잔치나 발표회가 사라지는 이유는 무엇일까요?
재롱잔치를 떠올려본다면 유아들에게 창의성이나 예술표현을 즐기는 것보다는 반복적인 학습으로 기술적인 것과 변화에 의미를 둔 예술표현이었기 때문이에요.

유아들에게 있어 예술표현은 아무런 개입 없이 자연스럽게 그림을 그리고, 또 조작해 보고, 몸을 움직이거나 음악을 흥얼거리는 모습일 거예요.
우리 어른들이 유아의 예술적인 표현을 도와주는 방법은 이러한 자연스런 예술표현 모습에 상상력과 창

출처: 2019 개정 누리과정 놀이이해자료

의력을 마음껏 발휘하고 확장할 수 있도록 하는 미적 경험과 놀이와 같이 긍정적이고 즐거운 정서를 펼칠 분위기를 마련해 주는 거예요.

예술과 창의성

모든 유아는 잠재적 창의성을 가지고 태어나는데 그중에서도 3~5세 유아는 창의성 발달에 있어 가장 중요한 시기예요.
이 시기는 상상력이 매우 뛰어나고 다양한 감각을 통해 여러 가지 정보를 받아들이는 민감기이죠. 창의성은 5세경까지는 증가하지만 학교교육이 시작되는 이후부터는 경직된 제도나 교과과정 등으로 인해 그 속도가 오히려 감퇴된다고 보고 있어요.
그래서 많은 학자들은 유아기가 창의성을 발달시킬 수 있는 최적기라고 했어요.
왜냐하면 유아들은 본질적으로 창의적인 존재이고 어른에 비해서 사고방식이 유연하고 개방적이고 상상력을 가지고 사물을 보기 때문이에요.
피아제가 말하는 전조작기의 두드러진 특징 중 하나인 자기중심적인 사고는 유아의 창의성 발달에 이바지하는데, 타인의 입장을 고려하지 못하는 사고가 자기만의 독특한 사고와 느낌을 자유롭게 표현하기 때문이죠.
또한 현실과 환상의 명확한 구분이 어려운 사고도 상상의 폭을 넓혀주기 때문에 유아기는 창의적인 잠재성이 무한히 있음을 의미해요.
이 시기의 유아들에게는 유아의 내면에 있는 잠재적인 창의성을 최

대한 손상시키지 않고 표현되도록 성인의 개입을 최소화해야 되고 유아의 자발적이고 자율적인 표현을 보장해 주어야 해요.
자!!! 그러면 예술 분야인 음악, 신체표현, 미술에 따른 창의성은 어떻게 길러줄 수 있는지 알아볼까요?

Q3 음악적 창의성을 어떻게 키워 줄 수 있나요?

유아는 자신이 습득한 음악을 노래로 부르면서 표현할 수도 있고, 악기로 또는 신체표현으로 자신의 감정을 표현하는데 이러한 모든 음악적인 활동을 **음악적 표현활동**이라고 할 수 있어요.

보통의 유아에게 나타나는 음악적 표현 능력을 먼저 알아보면,

4~5세 유아는 말하는 목소리와 노래하는 목소리의 차이를 발견할 수 있고, 곡을 부드럽고 가볍게 흥얼거리면서 부르는 것에서부터 큰 소리로 활기차게 노래의 질을 바꾸어 부를 수 있어요.
유아들은 악기를 건드려보고, 들어보고, 연주도 해보면서 새로운 놀이 방법도 발견하고 자신의 음악을 즉흥적으로 표현도 하죠.
유아는 악기를 가지고 놀이하는 과정에서 소리, 음색, 리듬, 가락 등 음악적인 요소를 탐색하고 기본 박자를 익히고 연주 형태를 스스로 구성하는 것을 볼 수 있어요(Campball & Scott-Kassner, 1995).

위에 제시한 악기들은 계이름이 연주되는 악기예요. 분리되어 원하는 계이름만 연주할 수 있어요. 그래서 음정을 알려줄 때, 간단한 멜로디를 연주할 때 활용하기가 아주 좋아요.

유아들은 악보를 잘 읽지 못 하지만 신체 움직임을 통해 음악적 개념을 이해해요.

4세 정도가 되면 노래를 부르며 리듬에 따라 손으로 마룻바닥이나 발로 장단을 맞출 수 있고, 리듬에 맞추어 고개를 끄덕이는 모습을 보여요. 또한 유아들은 음악을 들으면서 음악의 느낌에 따라 몸을 움직이기 때문에 자신의 느낌을 창의적으로 표현할 수 있고 음의 높고 낮음, 빠르고 느림, 크고 작음 등의 음악적인 개념을 신체로 표현할 수 있어요.

유아에게 음악적 창의성은 전문적인 분야에 있어서의 작곡이나 악기를 잘 연주하는 것에 한정되어 생각하면 안 돼요.

유아는 본능적으로 창의적이기 때문에 자기의 감정을 표현할 수 있는 기회와 환경을 제공해 주면 음악을 자기만의 방법으로 표현할 수 있는 능력이 있어요.
유아는 다양한 소리를 탐색하고 여러 가지 악기소리를 다양한 방법으로 표현해 보는 과정을 통해 창의성을 증진시켜요(안명옥, 2019).
친숙한 경험을 포함한 노랫말, 음역이 넓지 않고 반복적인 리듬으로 구성된 노래를 부르면서 노래를 개사해 보거나 리듬이나 멜로디를 한 마디씩 바꾸어 창의성이 발현되도록 하는 것도 좋아요.

〈똑같아요〉 원곡

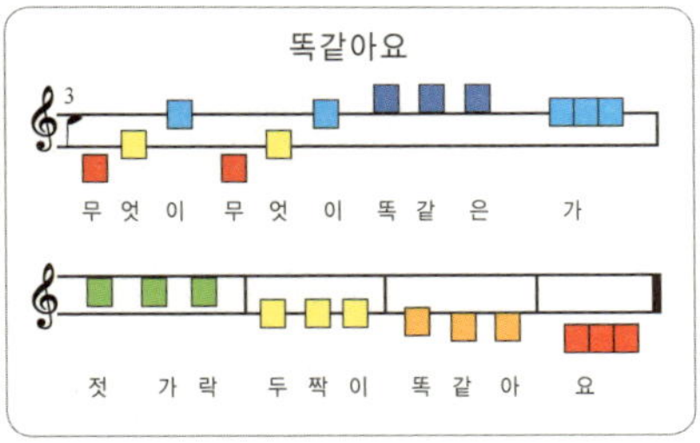

〈똑같아요〉 원곡을 바꾸어 만든 노래

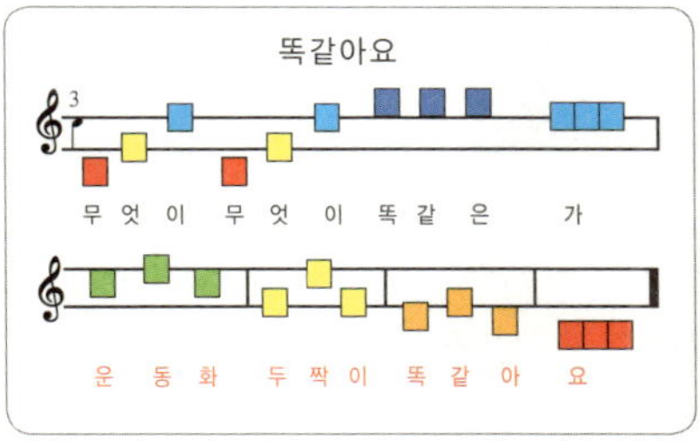

음악을 들으면서 자신의 마음속에 그린 영상을 몸으로 자유롭게 표현하는 것도 창의성이 즐겁게 표현되는 방법이에요.
유아가 음색을 발견하는 데 도움을 주는 악기 다루기 활동은 다양한 악기를 만지고 소리를 들으며 청감각을 자극할 수 있어요.
생활 속에 있는 주방악기는 유아들에게 친근하면서도 다양한 소리를 낼 수 있고 자기만의 방법으로 연주할 수 있어서 창의성을 표현하는 좋은 매체가 돼요.
좋아하는 노래를 들으면 기분이 좋아지고 머릿속에 어떤 장면이 떠오르고, 떠오른 장면을 자기만의 방법으로 표현하다 보면 창의성이 향상되는 거예요(이미연. 2019).

음악학자들이 유아들에게 음악을 알려주는 것은 유아의 창조적 잠재력을 깨우는 데 도움이 된다고 했어요. 그러므로 음악놀이를 많이 할수록 창의성이 향상되겠죠!

Q4 신체적 창의성을 어떻게 키워줄 수 있나요?

유아들은 자신의 신체를 움직여 표현하고 자신 및 타인의 움직임을 감상할 수 있어요.
이러한 표현을 **신체적 표현활동**이라고 말해요.
신체적 표현은 어떤 느낌을 신체를 통해 나타내는 것으로 움직임의 모든 요소가 보다 정확하게 나타내는 것에 집중된다고 했어요.
즉 인간의 신체적 움직임은 내면 상태의 어떤 정보를 담아서 표현하는 것을 말해요.
신체표현은 신체를 통한 여러 움직임을 통해 동작에 관련된 지식을 발견하고 동작 관련 개념을 중심으로 교육하는 것을 의미하죠.
유아기에 있어서 신체표현활동은 자신의 신체를 효과적으로 사용하도록 도와 운동 능력을 증진시키고 세계를 탐색하는 과정을 통해 자아개념 및 사회적 협동 능력을 기르며 나아가 창의적이고 표현적인 활동을 통해 상징적 표현 능력 및 창의적 사고력을 기를 수 있도록 돕는 학습의 기초가 되는 활동이에요(정혜지, 2021).

골만(1992)은 다양한 예술교육 중 인간의 사고와 감정, 정신과 신체 간의 조화로운 관계를 확립시킬 수 있는 신체표현은 창의성 증진에 매우 유용한 매개체라고 제시했어요.

유아기는 끊임없이 움직이며 감각기관을 활용해 주변을 탐색하면서 배우고 성장해요.
이 과정 속에서 유아는 자신의 신체를 조절하면서 많은 생각과 상상을 자유롭게 표현하기 때문에 창의성이 증진돼요.

유아가 노래나 클래식 음악을 듣고 자기만의 느낌으로 신체로 표현하는 것, 짧은 이야기나 동시 등을 듣고 상상하여 신체로 표현하는 것은 창의성을 증진시키는 신체표현 놀이예요.
산책이나 바깥놀이에서 만난 자연물을 관찰하고 탐색하여 자신의 느낌대로 표현하는 것도 마찬가지로 창의성을 발현시키는 신체표현놀이예요.

유아들과 창의적인 신체표현을 하기 위해서는 먼저 **탐색이** 이루어져야 해요.

표현하는 대상을 충분히 탐색하면 표현할 거리가 많아지겠죠.

탐색이 이루어지고 나면 시도를 해봐야 되겠죠. 탐색을 충분히 했으나 표현을 시도하지 않으면 창의적인 표현은 이루어지지 않기 때문에 상상하고 표현하고자 하는 움직임을 칭찬으로 지지하고 격려해주어야 해요.

유아들이 신체를 표현할 때 음악, 이야기, 소도구 등의 **교수매체**가 있다면 더 자유롭고 편안하게 신체를 표현할 수 있어요.

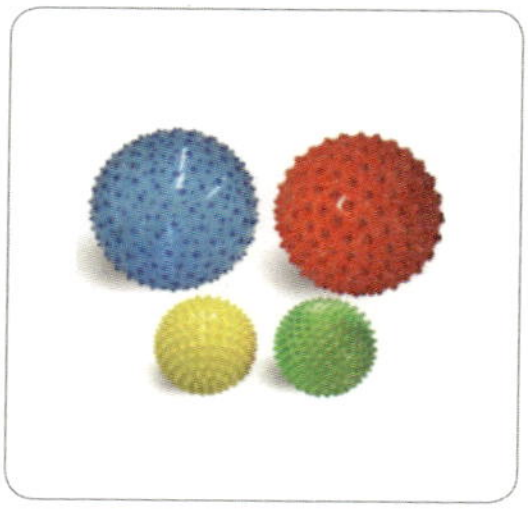

Q5 미술적 창의성을 어떻게 키워줄 수 있나요?

유아는 태어날 때부터 미술을 표현하는 능력을 지니고 태어났어요. 성장하면서 인지적, 정서적, 신체적, 지각적 발달과 조화를 이루면서 순차적으로 발달을 하지요.

그렇기 때문에 **유아의 미술표현력**은 가르치는 것이 아니라 유아가 경험한 것을 표현하고자 하는 욕구대로 표현하는 과정이라고 볼 수 있어요.

로웬펠드(1975)의 미술표현력 발달 단계에 비추어 보면 유아기는 전도식기(4~7세) 시기예요. **자기 중심적인 그림**을 그리기 때문에 눈에 보이는 세계를 표현하기보다 아는 것을 그리는 것이 유아기 그림의 특징이에요.
대부분의 그림 소재와 주제는 유아와 가까운 곳에서 찾고 유아에게 의미있는 것을 과장하고 그렇지 못한 것은 축소하거나 생략해서 표현해요.

또한 분노와 짜증, 화 등 부정적인 정서는 그림을 그리거나 무언가를 만들면서 자연스럽게 정화하여 자신의 감정을 다스려요. 즉 유아는 미술표현을 통해 자기 내면의 생각과 정서, 감정, 상상력 등을 직접적으로 표현해요. 이렇게 미술을 표현하면서 문제해결과 의사결정 능력을 기르고 재료를 조작하고 변형해 가면서 새로운 개념을 이해하면서 새로운 미술표현력을 익히게 되는 거예요.

유아에게 있어 미술놀이는 그 어떤 놀이보다 마음껏 표현하고 즐기고 스스로 선택하는 활동으로 자신을 다양하게 표현할 수 있는 놀이예요.
유아들은 미술놀이를 통해 자유롭게 상상력을 발휘하고 창의적인 아이디어를 표현할수 있는 기회를 가져요.
유아들은 그림을 그릴 때나 클레이로, 아니면 찰흙으로 무언가를 만들면서 그 속에서 자기만의 이야기를 만들어 내죠.
또 제공된 재료를 가지고 유아는 상상의 주인공, 장면, 이야기의 스토리를 그려내고 자신의 상상력을 자유롭게 발휘해요.
이러한 미술의 표현과정을 통해 유아의 창의성을 쑥쑥 자라나는 것을 볼 수 있어요.

출처: 누리과정 해설서.

자!!! 그러면 미술의 표현 속에 창의성을 어떻게 길러줄 수 있을까요?

유아는 자신이 관심 있는 것에 집중하여 관찰하면서 자신만의 새로운 방법을 탐색해요.
유아가 새로운 것을 찾을 수 있도록 유아의 생각을 존중하고 미술놀이를 폭넓게 경험할 수 있는 방법을 구상하고, 무엇을 어떻게 그릴 것인지 생각해 보는 이해의 시간을 갖게 하는 것이 창의성을 길러줄 수 있는 환경이 돼요.

만약에 우리 아이가 그림을 너무 잘 그린다는 칭찬을 받기 원하는 기능습득에 초점을 둔다면 유아의 사고는 고정관념에 머물러 정형화된 학습을 하기 때문에 창의성과는 거리가 먼 미술놀이가 될 수 있어요. 꽃 가게 견학을 다녀와서 크레용으로 자기가 좋아하는 꽃 그리기를 한다든지, 찰흙으로 꽃병을 만들어 그 위에 꽃을 만들어 꽂기, 쌓기놀이 영역에서 블록으로 꽃가게를 구성하고 간판을 디자인해서 만들어 붙이기 등 유아의 생활 속에서 아름다움을 느끼고 표현하게 하는 것이 창의성을 길러주는 요소예요.

함께하기

내 삶에 적용해 볼까요?

◆ 우리 아이와 놀 수 있는 음악놀이 소개

〈작은별 연주〉

〈작은 별 연주〉 아이가 멜로디로 연주를 하는 것은 꼭 피아노가 아니어도 돼요. 음을 따로 분리시킬 수 있는 악기는 멜로디를 쉽게 익힐 수 있어요.

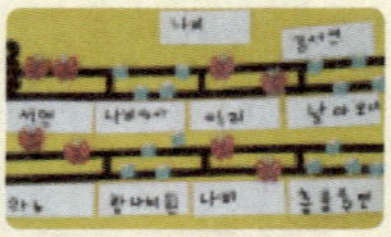

〈음악 만들기〉

〈음악 만들기〉 유아들도 작사 작곡 개념의 음악을 만들 수 있어요. 기존의 악보는 상징적이지만 그림악보를 활용하면 음이 길다 짧다를 눈으로 볼 수 있어서 아이들에게도 박의 개념을 쉽게 알려줄 수 있어요.

글: 김성은　　출판사: 예문

〈아이의 두뇌를 춤추게 하는 음악놀이〉는 자신이 느낀 것을 몸동작으로 표현한다든지, 목소리로 표현한다든지, 다양한 악기를 활용해서 자신만의 음악세계를 만들어 나가요. 이러한 놀이를 통해 우리 아이의 두뇌가 반짝반짝 움직인다는 내용의 책

◆ **우리 아이와 놀 수 있는 신체표현놀이 소개**

〈부엉이와 붓〉

〈부엉이와 붓〉은 우리나라 전래동요인데 유아들에게 가사를 알려줄 때 각색해서 옛날이야기로 들려주고 가위바위보를 해서 진 유아가 엎드리면 가마솥의 누룽지~~하면서 마사지를 해주는 신체놀이예요.

글 · 그림: 박미영　출판사: FORLINGO

〈나처럼 해 봐요〉 그림책에 나오는 신체표현을 나처럼 해 봐요 이렇게~하면서 따라서 신체표현해 보기, 꼬마야 꼬마야 노래하며 그림책대로 신체표현을 해 보며 놀이하는 책

글: 질 코넬, 셰릴 맥카시, 웬디 피리
역: 강정원　출판사: 길벗

〈몸놀이가 아이 두뇌를 만든다〉는 신체적, 인지적, 사회적, 정서적 발달과 연계된 몸놀이 300개를 소개하고 있는 책

◆ 우리 아이와 놀 수 있는 미술 놀이 소개

〈키친타올 물들이기〉는 그림책 〈쪽빛을 찾아서〉를 읽어보고 독후활동으로 키친타올에 물감을 찍어 물들이기를 해보는 미술놀이예요.

〈사랑스런 까마귀〉는 몸이 온통 까만색인 것과 시끄럽게 울어 대는 목소리도 싫고 알록달록하고 화려한 깃털과 아름다운 목소리를 가지고 싶어해요. 어느 날 만난 시인은 까마귀에게 깊은 물과 깊은 잠, 잉크도 까마귀처럼 검다고 한 말을 듣고 까만 자신의 모습 사랑하게 되었다는 그림책을 읽고 까만색과 빨간색만 사용해서 그림을 그려보는 미술놀이예요.

글: 김민지　출판사: 비타북스

〈창의폭발 미술놀이터〉는 자신감을 폭발시키고 창의력이 반짝반짝 빛나게 하는 재미있는 미술놀이를 소개한 책

"어린이는 모두가 예술가이다. 다만 그 예술성이 자라면서도 계속 유지할 수 있느냐가 핵심이다"라고 피카소가 말했듯이 예술성은 한 번에 자라나는 것은 아니에요. 예술에서 추구하고 있는 창의성도 몇 번을 시도하고 이제 창의성이 자랐겠지! 하는 것은 절대 아니에요. 제4차 산업혁명시대를 살아야 하는 우리 유아들의 창의성이 성장하기 위해서는 꾸준한 노력이 필요하답니다.

참고문헌

김태희 (2021). **아이중심 · 놀이중심의 예술수업**. 서울: 착한책가게.

안명옥 (2019). 만5세반 유아의 그림책을 활용한 음악만들기 프로그램 개발 및 효과. 명지대학교 대학원 박사학위논문.

이미연 (2019). 음악동화 감상을 통한 신체표현활동이 유아의 창의적 신체표현력, 음악적 성향 및 정서지능에 미치는 영향. 중앙대학교 대학원 석사학위논문.

정혜지 (2021). 추상미술감상을 통한 신체표현 활동이 유아의 창의성 및 언어표현력에 미치는 영향. 중앙대학교 대학원 석사학위논문.

Campball, P. S., & Scott-Kassner, C. (1995). *Music in childhood*. New York: Schirmrt Books.

Goldman, D. (1992). *The creative spirit*. NY: Penguin Books.

Lowenfeld, V. (1975). *Creative and mental growth of the child*. New York, NY: Mac-millan.

| 동영상 및 관련 사이트 |

반짝반짝 작은별 연주 https://m.site.naver.com/1xyZO

부엉이와 붓 https://m.site.naver.com/1xz26

키친타올 물들이기 https://m.site.naver.com/1xz2M

사랑스런 까마귀 https://m.site.naver.com/1xz2x

안명옥 아동학 박사

명지대학교 대학원 아동학과 박사졸업

현, 한국방송통신대학교 외부강사

나알자알 연구소장

전, 동화그림어린이집 원장

명지대학교 아동학과 객원교수

강의 요청 및 상담: moan64@hanmail.net

CHAPTER

8

성 행동

"평생의 성 인식이 자라는 시기"

들어가기 유아의 성(性) 행동이 무엇인가요?

- 아이가 자꾸 성기를 만져요
- 엄마나 아빠 또는 친구가 화장실 가면 엿봐요
- 성폭력, 성추행, 성희롱 등 어린 아이들에게 이런 말을 써야 하나요?

우리 아이 성(性)!!
어떻게 알려주나요? 좀 도와주세요~

박사님! 성 행동 발달이 궁금해요~

성(性) 행동

아이들이 보이는 당황스러운
말과 행동으로 성(性)교육을
어떻게 해야 할지 고민이시죠?

유아기는 평생의 성 인식, 성 지식,
성 태도, 성 행동을 좌우하는
중요한 시기이므로 성교육은
서로 자연스럽게 질문하고 대답하는
대화로 이루어져야 해요.

강은희 박사

살펴보기 유아의 성(性) 행동, 무엇이 가장 중요할까요?

유아는 자신의 생각이나 마음을 거침없이 표현하여 "엄마는 고추가 없어?", "왜?" 궁금한 것을 구체적으로 꼬치꼬치 물어보는 자녀를 보며 우리 아이의 성교육은 어떻게 해야 할까? 어디까지 이야기하지? 무엇이 가장 중요하지? 때로는 난감하고, 때로는 고민스러운 상황이 있을 거예요.

유아 시기의 행동 중 관심을 끌기 위해 자신의 신체 보여주기, 성기 만짐, 다른 성이 화장실 가거나 목욕 시 엿보기, 역할놀이 시 옷 벗김 등 일상적인 성적 호기심이나 성 관련 행동을 보이는 것은 자연스러운 거예요. 하지만 어른들은 아이들이 성에 대해 너무 많이 알거나 잘못된 성 지식으로 성 관련 사고를 치거나 혹은 당하지 않을까 걱정과 염려를 하죠. 성교육학자 베르거(Berger)는 유아의 성생활은 신체에 대한 호기심, 몸을 쓰다듬는 스킨십, 자위행위를 통한 성기의 만족이라고 하며, 유아들의 성 관련 놀이의 핵심적 특징으로 신체적 접촉과 정서적 교감을 동시에 얻음으로써 성적인 만족과 정서의 만족까지 얻는다고 보았어요.

아직 우리나라의 성교육은 부끄럽고, 심각하고, 어렵게 접근하며 "이렇게 하면 안 돼"처럼 성 관련 언어나 성 행동 등에서 미리 차단

하는 예방적 차원이 강하게 나타나요. 예를 들면 남아가 성기를 만지작거리며 커졌다고 말하거나, 여아가 치마를 들어 올려 성기를 보여주는 행동을 보일 때 부모는 너무 놀라워하며 순간적으로 강하게 반응하여, 아이는 멈칫! 민망해하며 잘못된 행동으로 인식하여 부모 앞에서는 하면 안 되는 것으로 알지만, 숨기거나 안보이는 곳에서 은밀하게 반복하는 모습을 보일 수 있어요.

성교육은 인간에 대한 존중을 바탕으로 나와 다른 사람의 몸을 소중히 여기며, 보호함은 물론 성장하면서 느끼는 성적인 자극, 접촉, 느낌 등이 일상에서 자연스러운 현상임을 인식하는 것이라고 할 수 있어요. 성교육을 학습하듯 자리에 앉아 알려주는 지식 전달이 아닌 일상에서 아이가 궁금해할 때 자연스럽게 이해할 수 있도록 이야기를 나누며 편안하게 인식하도록 해주세요. 만약 부모 스스로가 성에 대해 불편해하거나 어려운 것으로 인식하여 무시하기, 회피하기, 윽박지르기 등의 방법으로 반응한다면 우리 아이도 성에 접근하는 것을 불편하고 어려워할 거예요. 가능하다면 부모는 미리 아이에게 알려줄 내용을 정리해 보고, 아이가 성에 대한 질문을 했을 때 어떻게 답변하면 좋을지 준비해 보세요. 성(性)에 관한 대화가 어색하거나 불편한 주제라고 느끼지 않도록 유아 성교육 관련 자료를 찾아보거나 아이와 함께 읽을 수 있는 책을 찾거나 성교육 전문가의 도움을 받아 준비해 보는 것도 좋을 듯해요.

Q1 성(性) 행동이란?

성 행동은 아이가 성장하면서 나타나는 성과 관련된 행동을 말하며, 성별에 따라 여자와 남자가 어떠한 점에서 차이가 있는지를 탐색하고, 자신이 어떻게 행동해야 하는지를 알아가기 위해 시도하는 행동이라고도 볼 수 있어요. 이에 성에 대한 유아의 관심과 탐색적 행동은 남아와 여아의 차이가 거의 나타나지 않으므로 선입견 없이 대해야 해요. 따라서 일상적인 상황에서 유아가 자연스럽게 나타낼 수 있는 다양한 성 행동에 대해 이해하고 적절히 대처하는 것이 필요하며, 성 행동 문제가 발생하는 경우, 성 행동의 수준에 따른 대처를 통해 유아가 건강하고 긍정적인 자아를 가지고 성장할 수 있도록 지원해 주는 것이 중요하다고 할 수 있어요.

연령	성 개념	성 행동 예시	발달적 특성
만 0~1세	신체에 대한 탐색	– 기저귀를 갈거나 몸을 씻겨 줄 때 감각적인 느낌에 반응하기도 함 – 자신의 성기를 보거나 만짐	우연한 상황 등에서 신체의 감각적 느낌을 탐색
만 2~3세	성 정체감 인식	– 벗고 돌아다니기 – 가족이나 또래의 벗은 모습에 호기심을 나타냄 – 자위행위가 나타나기도 함	자신을 남자/여자라고 인식하고 다른 사람의 성을 구분할 수 있음

연령	성 개념	성 행동 예시	발달적 특성
만 4~5세	성 안정성	– 엄마, 아빠 놀이 시 행동 모방 – 아기 태어나는 과정, 의사놀이 시 옷을 벗기려는 행동 – 일시적으로 화장실 엿보기 – 자위행위가 나타나기도 함	시간이 지나도 자신의 성이 변하지 않을 것임을 알게 됨 남자는 아빠가, 여자는 엄마가 될 것이라고 믿음
만 6~7세	성 일관성	– 이성에 대한 호감으로 가까이 앉거나 서기, 껴안거나 뽀뽀하기 등으로 표현 – 그림 그릴 때 성기를 묘사하거나 일상적 대화 소재로 삼음 – 일시적으로 화장실 엿보기 – 자위행위가 나타나기도 함	외모나 행동, 옷과 같이 외형적인 변화가 있어도 성이 변하지 않음을 인식

QR Code로 영상을 시청해 볼까요?

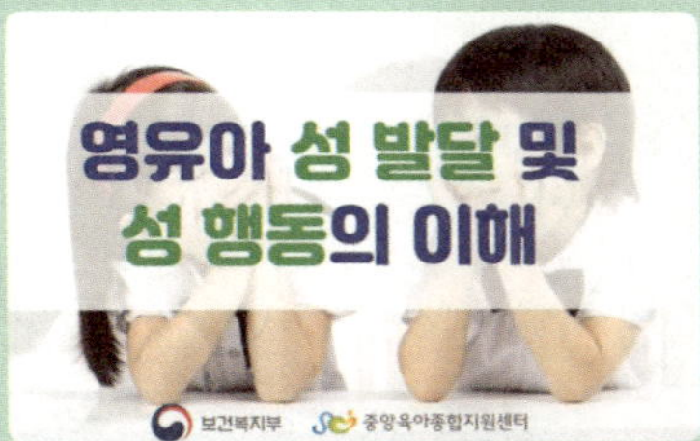

동영상 〈영유아의 성 발달 및 성 행동의 이해〉

Q2 성(性) 행동 수준으로 나누어 살펴봐요

성 행동 수준은 판단기준에 따라 '일상적인 수준', '우려할 수준', '위험한 수준'으로 구분할 수 있어요.

성 행동 수준별 판단기준은 연령별 발달과정에서 나타나는 일반적 성 행동을 기준으로 '주의전환 가능 여부', '지속성 및 반복성', '은밀한 행동', '강요 및 폭력성', '심신의 피해 발생' 등을 통해 판단해요.

<table>
<tr><th>구분</th><th>수준</th><th>판단기준</th><th>행동의 특성</th></tr>
<tr><td>성 행동</td><td>일상적인 수준</td><td>- 다른 관심사로 주의전환 가능 여부</td><td>- 놀이를 제안하면 관심을 보인다.
(예: 블록으로 다리 만드는데 도와줄 수 있니?)
- 성인에 의해 중지하거나 주의를 다른 곳으로 돌릴 수 있다.
(예: 화장실을 엿보면 친구가 불편해하지? 우리 손 씻으러 가볼까?)</td></tr>
<tr><td colspan="4">+ 지속성, 반복성, 은밀한 행동 여부</td></tr>
<tr><td rowspan="3">성 행동 문제</td><td>우려할 수준</td><td>- 지속성
- 반복성
- 은밀한 행동 여부</td><td>- 성인이 다른 놀이로 흥미를 끌어도 성 행동의 중단이 어렵다.
- 잠시 멈추었다가도 성인이 다른 곳으로 가면 성 행동을 반복하고 지속한다.
- 성인의 눈을 벗어나는 은밀한 장소에서 이루어지는 경향이 반복하여 나타난다.</td></tr>
<tr><td colspan="3">+ 강요 및 폭력성, 타인의 심신피해 발생 여부</td></tr>
<tr><td>위험한 수준</td><td>- 지속성
- 반복성
- 은밀한 행동 여부
- 강요 및 폭력성
- 타인의 심신피해 발생 여부</td><td>- 우려할 수준의 성 행동이 지속적으로 반복되고, 다른 놀이에 대한 관심이 현저히 낮거나 거의 참여하지 않는다.
- 유아의 주의를 다른 곳으로 돌리려고 할 때 저항하거나 분노 행동을 보인다.
- 또래에 대한 강요나 폭력적 성향이 나타나며 성인의 눈을 피해 은밀한 장소로 또래를 데리고 가기도 한다.
- 또래 유아의 성기에 상처가 나거나 불안해하는 등 신체 정서상 피해가 발생한다.</td></tr>
</table>

유아의 성 행동은 대부분 발달상 나타나는 행동 특성과 유사하게 개방적인 공간에서 호기심에 의해 자연스럽게 나타날 수 있어요. 유아가 당황하거나 수치심을 느끼지 않도록 다른 활동으로 관심과 흥미를 돌려 보고, '우려할 수준' 또는 '위험한 수준'의 특성이 나타나는지 관찰할 필요가 있어요. 유아의 성 관련 행동은 성인과 다른 관점으로 보며, 낙인찍지 않도록 신중한 보호자적 관점의 접근이 필요해요.

QR Code로 영상을 시청해 볼까요?

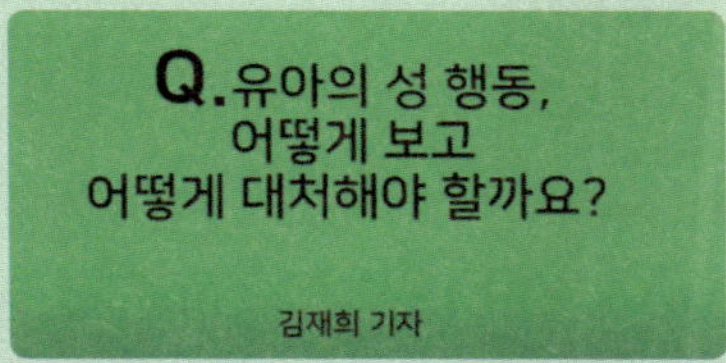

동영상 〈유아의 성 행동, 어떻게 보고 어떻게 대처해야 할까요? – 장형윤 경기남부해바라기센터소장〉

Q3 유아기 성(性)교육 어떻게 하나요?

유아기 성교육은 평생의 성 인식과 행동에 많은 영향을 미치기 때문에 우리 아이의 올바른 성 가치관을 심어주는 것은 매우 중요해요. 성을 장난스럽거나 은밀하게 대하는 것이 아닌 밝고 건강하게 느끼는지가 유아기에 형성되기 때문에 아이에게 단순히 남녀의 신체 차이를 알려주는 것 외에 자신의 몸에 대한 소중함과 성을 대하는 태도와 자세를 알려주는 성교육이 필요해요.

아이가 성에 대해 물어보거나 관심을 보일 때, 놀이할 때, 씻을 때, 잘 때, 관련 책을 읽을 때, 즉, 언제 어디서든 성교육은 이루어질 수 있으며, 아이들마다 개인차가 있음을 잊지 않고 진행하는 것이 좋아요. 또한 스토리텔링으로 행복하고 사랑스러운 이야기로 풀어나가고 아이의 상상력을 인정하며 현재 알고 있는 스토리에서 성교육에 대한 이야기를 더해 자유로운 분위기에서 성교육을 진행해 보세요.

유네스코 '조기 성교육 지침서'에 따르면 5세부터는 성적 발달이 충분히 이루어지고 나와 다른 성별에 호기심이 생기기 시작하기 때문에 그 차이점에 대해 정확하게 설명해 주는 것이 필요하다고 해요. 신체 부위의 명칭을 올바르게 알려주고 스스로 성기를 만지는 행위는 자위행위에 속하며 이때 쾌감을 느낄 수도 있다고 말해주어 성에 대해 조금씩 미리 알게 하는 것이 좋다고 해요.

유아기 자위행위는 자신의 몸에 대한 관심이 증폭되면서 실제로 자신의 몸을 관찰하고 탐색하는 행동을 많이 하는데 그 과정에서 성기를 통해 다른 신체 부위와는 다른 감각을 느끼게 되고 이것이 자위행위로 이어져요. 이처럼 발현되는 기저에 성적 목적이 없기 때문에 일반적인 자위행위와는 그 의미가 다르게 이해되어야 할 필요가 있어요. 유아기 자위행위는 남아와 여아 구분 없이 하는 행동으로 성기를 가지고 노는 일은 정상적이며, 건강하게, 안전하게 하는 놀이행위이자 발달적 특성으로 인해 나타나는 자연스러운 행동으로 가정은 물론 사회적으로 인정하는 문화로 인식되어야 해요.

QR Code로 영상을
시청해 볼까요?

동영상 〈유아 자위행위〉

함께하기 성(性) 행동 문제가 발생하면 어떻게 하죠?

Q4 성 행동 문제를 도와주세요

최근 가정 및 사회적 환경, 미디어 매체 등 성 관련 문제에 쉽게 노출되면서 유아의 성 행동 문제가 발생할 위험이 높아지고 있어요. 따라서 보호자의 역할이 굉장히 중요해요.

수준별 성 행동	보호자의 역할
'일상적 수준'의 성 행동	– 자녀에게 관심을 가지고, 자녀의 행동을 면밀히 관찰한다. – 자녀의 성관련 질문에 정확한 단어를 사용하고 올바른 성교육 자료(영상, 동화책)를 활용한다. – 자녀의 성 행동이 우려된다면 육아전문기관(육아종합지원센터)에 도움을 요청한다. – 유아교육기관과 협력하여 일관된 방법으로 자녀를 지도한다.

수준별 성 행동	보호자의 역할
'우려할 수준'의 성 행동	– 가정에서 자녀에게 관심 가지고 자녀의 행동을 관찰하며 성교육 지도를 한다. – 육아전문기관과의 지속적인 교류, 협력으로 자녀의 성 행동문제를 지도한다. – 성에 대한 부모의 관점을 점검한다. – 스마트폰, 미디어 사용 등 가정 및 지역사회에서의 위험요소를 점검한다. – 필요시 자녀가 전문가의 심리치료를 받도록 한다.
'위험할 수준'의 성 행동	– 우선 자녀를 안심시킨다. – 자녀의 안전을 확인하고 필요시 병원진료를 받도록 한다. – 육아전문기관에 지원을 요청한다. – 가정에서 자녀에게 지속적으로 관심을 가지고 자녀의 행동을 관찰한다. – 전문기관을 통한 전문가 상담과 상담치료에 참여하도록 한다. – 행위 유아 부모의 경우, 피해 유아와 부모에 감수성 있는 태도를 가지도록 하여 적극적 사과 및 필요시 피해 보상 등을 논의한다.

QR Code로 영상을 시청해 볼까요?

동영상 〈성 행동 이해 – 우리 아이에게 성 행동이 나타났다면?〉

만약, 성 행동 문제가 생기면 도움받을 수 있는 전문기관

우리 지역 가까운 곳에 도움을 받을 수 있는 전문기관이 있으니 찾아보시고, 성 관련 정보, 교육, 상담 등 다양한 정보를 받아 보세요.

◆ 도움 받을 수 있는 전문기관

1	**중앙육아종합지원센터 (www.central.childcare.go.kr)** 육아종합지원센터는 지역사회 내 어린이집 지원 · 관리 및 보호자의 가정양육지원을 위한 다양한 육아지원서비스를 제공합니다.	
2	**가족센터(www.familynet.or.kr)** 가족센터는 가족문제의 예방과 해결을 위한 가족돌봄나눔사업, 가족상담사업, 정보제공 및 지역사회 네크워크 사업 등을 추진하고 있습니다.	
3	**해바라기센터 (www.smsonestop.or.kr)** 해바라기센터는 성폭력 · 성매매피해자에 대하여 365일 24시간 상담, 의료, 수사, 법률지원을 통합적으로 제공합니다.	

Q5 성 행동 문제에 대한 오해와 진실

| 오해 | 성 행동 문제를 보이는 유아나 아동은 성적으로 학대받은 경험이 있을 것이다.

| 진실 | 성 행동 문제를 보이는 유아, 아동, 청소년 중 일부는 성 학대 경험이 있는 아동도 있기는 하지만, 대다수의 유아, 아동, 청소년은 성적으로 학대받은 경험이 없습니다.

| 오해 | 어릴 때 당한 성 관련 피해는 시간이 지나면 기억에서 잊혀진다.

| 진실 | 유아에게 성 관련 피해는 정서적, 인지적 어려움을 겪게 하는데, 적절한 치료적 접근이 필요합니다. 유아들이 당장에는 그 일에 대해 영향을 받지 않을 수도 있지만 성장과정에서 성격 형성에 나쁜 영향을 미칠 수도 있습니다.

| 오해 | 자위행위는 주로 남아들이 한다.

| 진실 | 신숙경 등(2019)의 자위행위 실태에 관한 연구에서 여아가 남아보다 자위를 3배 정도 더 하는 것으로 나타났습니다. 남아, 여아를 구분하기보다는 발달 시기에 나타나는 현상으로 볼 수 있습니다.

| 오해 | 유아와 성에 대한 이야기를 하면 성에 대해 호기심을 더 많이 가지게 될 것이다.

| 진실 | 10대 청소년을 대상으로 한 최근 연구에서 10명 중 9명은 가정에서 부모와 함께 좀 더 개방적이고 솔직한 대화를 나눈다면 자녀는 성관계를 더 늦은 나이에 시작하고 원치 않는 임신을 예방할 수 있다고 했습니다. 부모가 유아기부터 자녀와 함께 성적인 이슈에 대해 좀 더 솔직하게 대화를 나누면 유아는 성장하면서 자신을 안전하게 지키는 데 필요한 지식과 기술을 더 많이 알 수 있게 되고, 청소년기 이후 이성 관계에서도 더 좋은 결정을 내릴 수 있을 것입니다.

| 오해 | 성폭력 가해자는 낯선 사람이다.

| 진실 | 성폭력 가해자 중 80%는 유아가 아는 사람입니다. 유아가 평소 잘 알고 지내는 주변 이웃이나 학원관계자, 보육시설 종사자 등과 친인척 관계, 친부, 형제, 형제의 친구 등이 많습니다. 낯선 사람으로 국한하여 생각하지 마세요.

유아의 성 행동을 처음 마주하게 되는 순간 부모는 굉장히 당황하고 고민하게 될 거예요. 먼저 부모가 성에 대한 인식, 태도를 편안하게 받아들여야 어린 자녀가 보이는 성 행동이나 질문에도 자연스럽게 이야기 나눌 수 있어요. 유아기에는 나의 소중한 부분을 다른 사람이 함부로 봐서도 만져도 안 되는 것을 이야기하고 만약 누군가 만

진다면 부모나 주변 어른에게 꼭 이야기해야 함을 알려주세요. 역으로 내 아이가 다른 사람의 몸을 만지는 경우가 있을 때 물어볼 수 있도록 하고, 거절하는 경우 받아들이고 멈추어야 한다고 이야기해주세요. 이를 실천하기 위해서는 부모님이 먼저 자녀가 불편해하는 접촉에 대해 사과하고, 그 행동을 멈추는 모습을 보여주는 것이 중요해요. 이를 통해 아이는 해도 되는 행동과 하지 말아야 하는 행동의 경계를 배우고, 동의를 구하는 과정을 습득하며 자신의 행동에 대한 사회적 의미를 이해할 수 있을 거예요.

반복적으로 강조하지만 성교육은 아이가 어릴 때부터 자연스럽게 이루지는 것이 중요해요. 아이의 성 행동을 안되는 것만 강조하기보다는 일상생활 속에서의 경험이나 감정, 생각 등에 대해 이야기 나누고, 아이가 질문을 한다면 궁금한 것이 무엇인지 유아가 이해할 수 있는 수준에서 사실적 대답으로 해주세요. 유아기의 성은 신체적인 성도 중요하지만, 성에 대한 올바른 정보를 제공하고, 상대방을 존중하고 배려하는 성태도, 자세가 필요함을 알려주세요. 유아기에 만들어진 성에 대한 인식, 성 인지력이 평생의 성 의식과 성 행동을 좌우한다고 볼 수 있어요. 우리 아이들이 성에 대한 건강한 인식이 형성될 수 있도록 지금부터 함께 시작해 보아요.

◆ 자녀와 함께 볼 수 있는 책 소개

글: 파울린느 아우드 / 그림: 파울린느 아우드
출판사: 북드림아이

좋고 싫다는 의사를 정확히 표현하는 것은 자신을 지키고 남을 배려하는 가장 중요한 태도임을 이해하고, 마음을 표현하는 내용의 책

글: 이현혜 / 그림: 이효실
출판사: 천개의바람

친구와의 싸움이나 유괴, 성폭력 상황에서의 대처방법까지 구체적으로 제시하며, 안전하려면 경계를 잘 지키는 것이 중요하다는 내용의 책

글: 박소영, 조성우 / 그림: 이서영
출판사: 물주는 아이

국내 소아정신과 의사들이 쓴 첫 성교육 그림책으로 동화로 우리 몸에 대해 알려주고 부모들에게는 성교육 가이드로 성교육의 방향을 제시하는 내용의 책

글: 서영주 / 그림: 정이숙
출판사: 키움북스

호기심 많은 우리 아이들. 무심코 치마 들치기, 똥침, 화장실 엿보기 등 이런 장난을 치면 안 되는 이유와 내 몸이 소중한 것처럼 다른 사람의 몸도 소중함을 알게 되는 내용의 책

참고문헌

교육부 (2020). 유치원 유아의 성 행동문제 관리 · 대응 지침.

보건복지부 (2021). 어린이집 영유아 성 행동문제 관리대응 매뉴얼.

신숙경, 김수임, 장수진(2019) 영유아 자위행위 실태와 부모의 대처반응 및 인식 분석. 열린부모교육연구, 11(2), 1–30.

Berger, Manfred (1988). *Sexualerziehung im Kindergarten*. Frankfurt a. M.

| 동영상 |

영유아 성 행동 이해 부모교육 – 우리 아이에게 성 행동이 나타났다면?
https://www.youtube.com/watch?v=q5B_B0UgWW0

영유아의 성 발달 및 성 행동의 이해
https://www.youtube.com/watch?v=ve1yE1knJc4&list=PLKdaz-DdzC4cx-zyR4vPb84ba3w-eZZhO_

유아의 성 행동, 어떻게 보고 어떻게 대처해야 할까요?
https://www.youtube.com/watch?v=ILUEtGe-wGY

유아 자위행위
https://youtu.be/knkVvzZNqEI

강은희 아동학 박사

명지대학교 대학원 아동학과 박사졸업
현, 서울테크노파크 친친어린이집 원장
전, 킨더슐레교육재단 운영지원실 연구원
강의 및 상담 : keh7468@hanmail.net

CHAPTER 9 _ 유아의 또래관계 “너랑 안 놀아?”

CHAPTER 10 _ 꼬꼬무 아버지 양육의 힘 “지금은 아빠 육아의 전성시대”

PART 4

더불어 함께 성장하기

CHAPTER

9

유아의 또래관계

"너랑 안 놀아?"

들어가기 또래와 잘 사귈 수 있을까요?

부모님! 요즘 들어 부쩍 아이가
놀이 중에 자신이 원하는 대로 되지 않으면
울면서 떼를 쓰거나 또래에게
"너랑 안 놀아?"라는
말을 자주 해 또래관계가
고민이신가요?

유아기는 자기가 하고 싶은 것, 좋아하는 것에 대한 주장이 강해지는 시기예요.

발달특성상 자기중심적인 생각을 가진 아이가 또래와 함께 놀이하면서 갈등도 겪고 이를 해결해 가는 과정을 통해 즐거움, 협동, 양보, 관계 맺기의 사회성을 배우며 갈등 상황을 줄일 수 있어요.

박사님! 또래관계가 궁금해요~

부모님!

우리 아이가 또래와 원만하게 지내고
성장하기 위해서는 사회성이
잘 형성되어 있어야 해요.

사회성은 무엇이고 우리 아이의 사회성은
어떻게 키우고 지원할지에 대해
살펴볼까요?

유경량 박사

살펴보기

또래관계에서 사회성이 중요한가요?

또래관계의 비밀 사회성

사회성이란 유아가 사회의 한 구성원으로서 성장, 발달하는 동안에 그 사회에서의 생활양식을 학습하여 타인과의 상호접촉을 통한 건전한 사회생활을 할 수 있는 성향을 의미하며 유아기의 사회성 발달은 성인이 되었을 때의 사회적인 관계와 사회적 행동 등의 기초가 되는 것으로 한 개인의 행복한 삶의 가장 중요한 구성요소로 우리 아이가 또래와 관계를 맺고 즐거움을 나누는 능력으로 또래와 잘 놀고 어울리는 데 필요한 언어, 인지, 정서 등 모든 발달을 포함하는 개념으로 모든 발달의 기초가 되므로 매우 중요해요.

애착이 부모와의 친밀한 애정을 뜻한다면 사회성은 가정을 벗어난 유아가 어린이집, 유치원, 놀이터 등에서 만난 다양한 긍정적인 관계형성을 의미하는 데 그중에서 가장 의미있는 관계가 또래예요.

우리 아이의 또래관계의 비밀은 사회성이며 아이는 또래와 놀이하며 갈등을 경험하고 또래에게 분노의 감정을 표현하고 해결하는 과정에서 또래와 마음을 주고받으며 감정을 공감하고 나누며 대인관계에 필요한 사회적 기술, 자기조절 능력, 자제력을 형성하며 사랑하고 용서하고 배려하고 양보하고 질서를 지키며 조금씩 사회성을 배우게 되지만 아직은 자신이 원하는 대로 하려는 힘의 욕구가 강해서 놀이를 주도하고 원하는 역할을 얻기 위해 "너랑 안 놀아?"라는 공격적인 언어를 사용할 수 있어요.

자기주장은 강하고 타협과 조율 등의 사회성이 부족한 경우 또래관계에 부정적인 영향을 끼칠 수 있지만 또래 간 갈등 상황을 다른 사람의 입장을 이해하고 사회성을 키우는 기회로 삼을 수 있도록 유아의 연령별 사회성 발달 특징을 이해하는 부모님의 관심과 지원이 필요해요.

연령	유아기 연령별 사회성 발달 특징
3세	– 또래의 필요성을 인식하여 놀이 제안도 하지만 쉽게 토라진다. – 놀잇감 소유, 차례 지키기 등으로 또래와 갈등한다.
4세	– 또래관계가 형성되지만 우정의 지속 시간이 짧다. – 놀잇감 소유, 차례 지키기 등으로 또래가 갈등하지만 상대방 감정에 관심을 가진다.
5세	– 놀이 주도권이나 의견 대립이 있을 때 공격적 행동보다는 말로 문제를 해결한다. – 타인의 과점을 이해하고 또래와 협력하고 양보해야 한다는 것을 안다. – 도덕적 판단은 권위 있는 사람의 판단을 받아들여야 한다고 생각한다.

Q1 또래관계에서 사회성 어떻게 이해해야 할까요?

사회성 발달은 개인차가 있어요

유아기는 또래관계의 비중이 높아지는 시기로 유아들은 어른들보다 또래에게 관심을 가지고 인정을 얻으려고 활발한 시도를 하고 또래 놀이는 점차 정교해지고, 유아는 친한 또래의 개념을 이해하고 친한 또래를 선택할 수 있어요.

이 시기 유아에게는 또래집단에 성공적으로 참여하여 놀이하는 것이 가장 큰 과제이기 때문에 "00이가 나만 빼고 놀았어", "나 혼자 놀았어" 그래서 "00이랑 안 놀아" 등 유아교육기관에서 일어나는 문제 중 또래관계 문제에 어려움을 부모님께 이야기하기도 해요.

유아교육기관에서의 놀이 활동을 기질이나 성격, 발달단계에 따라 유아가 혼자 놀거나 놀이에 끼지 못하는 경우도 발생하지만 이 시기의 따돌림이란 '의도적으로 특정 아이를 지속적으로 괴롭히는' 등 청소년들 사이에서 이루어지는 따돌림이나 '왕따'와는 차이가 있어요. 지속적으로 놀이 활동에서 빼고 놀거나 혼자 놀이하지는 않으며 유아는 그날그날의 컨디션이나 기분, 놀이 유형 등에 따라 선호를 결정하기 때문에 함께 어울려 놀기도 하고 그렇지 않을 때도 있는 등 놀이 상황에 따라 유동적이므로 아이는 자신이 또래에게 한번 거부당하더라도 그것이 가장 크게 느껴지는 시기이므로 부모에게 어려움을 호소하는 것이에요.

"00가 나 빼고 놀았어"라고 말한다고 해서 그 아이가 지속적으로 따돌림을 당하는 상황은 아니며, 그날 아이에게 잠깐 동안이지만 가장 크게 기억되는 것을 부모에게 호소하고 있는 것인데 부모가 아이의 말을 듣고 이것을 크게 생각해서 민감하게 반응하고, 걱정하면서 안절부절하는 것은 아이에게 절대 도움이 되지 않으므로 교사와 상담을 통해 정확게 이야기 나누어 보세요.

부모님은 유아기의 또래관계에서 거부나 수용은 빈번히 일어나는 현상이라는 것을 이해하며 아이마다 대인관계를 형성하는 방법과 속도가 다르기 때문에 기질과 발달에 맞추어 사회성을 기르는 것이 좋은 방법이에요.

내성적이고 소심한 아이는 또래관계로 인하여 스트레스를 받는 경우가 많으므로 부모님은 아이와 또래가 어울릴 수 있는 기회를 적극적으로 마련해 주어 사회성을 높일 수 있도록 사람들이 많은 낯선 장소보다는 먼저 아이가 친숙한 공간에서 또래와 어울릴 수 있도록 가정으로 초대하여 천천히 친해질 수 있도록 격려해 주세요.

자기 의견만 말하는 욕심 많은 아이는 또래관계에서 자신의 의견이 수용되지 않으면 화를 내거나 공격적인 행동을 보이므로 부모님은 아이에게 또래가 어울릴 수 있는 대화방법을 알려(상대방의 눈을 보고 들어주기, 또래의 이야기에 반응하기...) 주고 화가 날 때의 감정을 자제하는 방법(숫자 세기, 심호흡하기, 물 마시기...)을 알려주어 또래와 친해질 수 있도록 도와주세요.

집중하지 못하는 산만한 아이는 놀이를 하다가 금방 싫증을 내어 또래관계를 유지하기에 어려움이 많으므로 부모님은 아이에게 자신의 행동이 잘못된 것임을 알려주고 인내심을 가지고 한가지 행동에 집중할 수 있는 놀이 방법(악기 다루기, 색종이 접기, 게임활동 등)을 제시하는 것이 필요해요.

Q2 또래관계에서 사회성을 높이는 방법은 무엇일까요?

또래관계는 연습이 필요해요

최근 사회는 이전과는 달리 대가족이 흔치 않고 친척이나 이웃과 교류가 적은 핵가족이 대부분이고 형제자매 없이 외동인 경우가 많고 가정에서는 양보 상대도 경쟁 상대도 없다 보니 여럿이 유아가 모여 생활하는 유아교육기관에서 우리 아이는 또래관계에 어려움을 느낄 수밖에 없어요.

사회성은 처음부터 뛰어난 능력을 갖고 태어나는 아이는 없기 때문에 여러 경험의 반복과 훈련을 통해 사회적 대처 능력을 배울 수 있도록 연습이 필요해요.

부모님은 먼저 **아이의 이야기에 귀를 기울여 주세요.**

아이가 이야기할 때 대충 듣고 넘기기보다는 무엇을 원하는지 무엇을 말하려고 하는지 진심으로 경청하는 자세가 필요하며 아이가 자신이 존중받는다는 느낌을 받아야 다른 사람과의 소통에서도 원만한 관계를 유지할 수 있어요.

아이의 자신감을 길러주세요.

긍정적인 자아개념이 있는 아이가 사회성도 좋으며 소심하거나 모든 일에 소극적인 자세를 보이는 아이는 성장하면서 또래관계나 유치원, 어린이집 생활에서도 자신감이 없는 자세로 갖게 되므로 아이가 갖고 있는 단점만을 지적하여 위축되지 않도록 하고 배려를 통해 단점을 극복할 수 있도록 도와주고 아이만의 장점을 찾아 격려해 주고 자신감 있는 행동을 하거나 친구들과 잘 어울리고 배려 있는 행동을 했을 때는 칭찬해 주세요.

아이가 자신의 생각과 감정을 잘 전달하는 방법을 알려주세요.

또래에게 자신의 생각을 올바르게 전달하는 방법은 중요하며 자신이 전달하고자 하는 내용을 분명하면서도 따뜻하고 친절한 언어로 이야기하도록 하고 또래에게 도움을 받았을 때나 잘못된 행동으로 피해를 끼쳤을 때 고마움과 미안함을 표현하는 습관을 길러주세요.

Q3 부모는 아이의 또래관계를 어떻게 지도해야 할까요?

부모님의 긍정적인 태도가 중요

유아기는 주도하고자 하는 욕구가 생기고 자기조절 능력이 발달하는 시기인데 부모는 아이가 자율적으로 할 수 있도록 적절하게 반응(실수에 대한 야단보다 도전에 대한 격려)을 해주어야 하며 그렇지 않을 경우 수동적이고 의존적인 아이로 자랄 수 있어요.

부모는 아이가 무언가를 스스로 시도하고 해보려고 하면 결과에 관계 없이 '과정'을 칭찬("혼자서 단추를 네 개를 채웠구나. 잘했어. 엄마가 나머지 두 개를 채워줄게")하고 아이가 스스로 할 수 있는 기회를 많이 주고 혼자 할 수 없는 일만 도와주세요.

아이는 서투르기 때문에 아이가 혼자 할 경우에 부모님이 해주는 것보다 시간이 많이 걸릴 수 있으므로 시간적 여유를 갖고 **아이가 스**

스로 할 수 있도록 해주시고 혼자 했을 경우 구체적으로 칭찬("지난번엔 단추를 한 개를 채웠는데 이번엔 네 개를 채웠구나. 정말 잘했어요.")해 주는 것이 중요해요.

아이가 짜증을 부리거나 화를 낼 때 부모가 이를 잘 수용해 주면 수용 받은 아이는 성장하면서 자신의 분노를 조절하는 데 문제가 생기지 않아요.

부모는 아이에게 "너도 마음이 아파 힘이 드는구나."하고 화가 나는 아이의 감정을 공감하고 인정해 주고 아이의 뜻대로 안 되는 부분도 있다는 것을 말로 설명해 주면 아이는 차츰 분노를 조절하는 자제력을 배우며 조금씩 성장할 수 있어요.

유아의 부정적 감정을 조절하기 위해 참고 기다릴 수 있는 만족지연(참을성과 자제력)은 정서지능 발달 능력으로 타고난 기질에 따른 개인차가 있을 수 있으나 부모의 양육태도가 중요한 역할을 해요.
이와 관련된 연구실험이 마시멜로 실험으로 기다리면 더 많은 마시멜로를 주겠다는 연구자의 말과 함께 아이들의 자제력이 시험대에 올랐는데 마시멜로 실험이 유명해지게 된 이유는 실험 15년 후 발표된 추적 조사 결과 때문이에요.

QR Code로 영상을 시청해 볼까요?

동영상 마시멜로실험

실험 결과에서 기다리지 못하고, 30초 만에 마시멜로를 먹은 아이와 연구자가 돌아올 때까지 기다린 아이는 대학입학 시험점수가 210점이나 차이가 났으며 연구진들은 어렸을 때의 참을성과 자제력이 훗날 학업성적과 사회적 성공에 영향을 미친다고 하는 결론과 아이들이 기다리지 않는 이유는 참을성과 자제력이 부족해서가 아니라 어른의 말을 믿지 않았기 때문이며 아이들을 기다리게 하는 힘은 부모(교사, 주변 어른)가 만드는 신뢰에 달려 있다는 거예요.

아이가 원만한 또래관계를 형성하는 것은 하루아침에 이루어지는 일이 아니기 때문에 **부모는 오랜 시간 동안 인내심을 가지고 아이와 대화**(놀이 후 놀잇감 정리하기, 놀이기구 사용 시 순서 지키기, 손 씻기 등)하고 아이가 부정적인 언어와 행동을 보일 때마다 그 순간을 벗어나기 위해 책임지지 못할 약속이나 거짓말은 하지 않도록 해주세요.

내 삶에 적용해 볼까요?

함께하기

책놀이를 통한 사회성 배우기

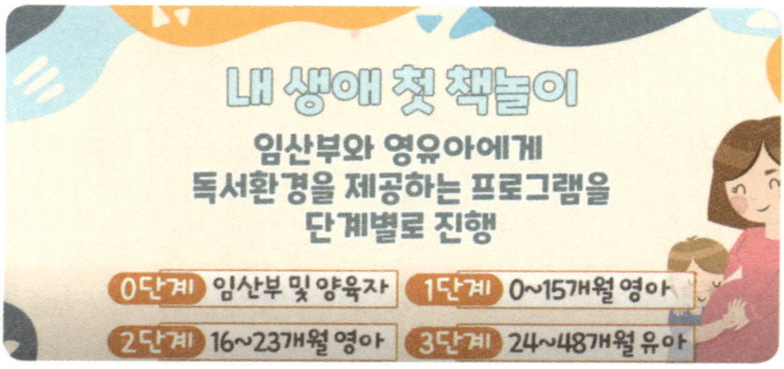

출처: https://www.bookmagic.kr

경기도도서관 북매직(https://www.bookmagic.kr)에서 운영하는 책놀이 프로그램인 **내 생애 첫 책놀이**는 0개월부터 48개월의 영유아와 양육자가 함께 해볼 수 있는 다양한 책놀이 방법을 0~3단계까지 영유아의 발달에 따라 구성하여 동영상으로 제공하고 있어요.

QR Code로 영상을 시청해 볼까요?

동영상 책놀이로 사회성 배우기

3단계 프로그램은 24개월에서 48개월 이하의 유아를 대상으로 이 시기에 적합한 책으로 사회에서 건강하고 행복한 구성원으로 살아가기 위해 필요한 기본생활습관과 올바른 인성을 갖추는 데 도움이 되도록 구성하고 있어요.

유아기는 전 생애에 걸쳐 성장 발달의 기초가 형성되는 시기이므로 신체, 언어, 인지, 정서, 사회성이 고르게 발달하여 지 · 덕 · 체가 조화로운 발달을 이루어야 해요.

QR Code로 영상을 시청해 볼까요?

동영상 책놀이로 감정을 표현하기

유아의 자율성과 창의성을 고려하되 전 발달 영역이 고르게 발달할 수 있도록 누리과정의 5개 영역인 신체운동 · 건강, 의사소통, 사회관계, 예술경험, 자연탐구 5개 영역을 중심으로 책놀이를 연계하여 구성하고 있으니 부모님은 **경기도도서관 북매직**(https://www.bookmagic.kr)에서 다양한 자료를 참고해 보세요.

◆ 자녀와 함께 볼 수 있는 책 소개

글: 신경아 / 그림: 혜경
출판사: 키즈엠

우리 아이들이 다투고 난 뒤 어떻게 행동하면 좋을지 생각해 보고, 먼저 다가가 화해를 청할 수 있는 용기를 배울 수 있는 내용의 책

글: 제네비에브 코테
번역: 김호정
출판사: 책속물고기

조금은 까칠한 토끼와 감정이 풍부한 돼지를 통해 아이들이 관계를 맺는 과정에서 발생하는 갈등을 현명하게 해결하고 기쁨을 발견하게 되는 내용의 책

글: 노버트 랜다 / 그림: 팀 원즈
출판사: 세상모든책

물건을 가지려는 욕심에 그동안 쌓았던 우정을 깨뜨린 토끼와 곰이 우정을 되찾고 다시 친해지기 위해서 노력하는 과정을 통해 아이들은 자신이 아닌 상대방을 이해하며 사람과의 관계를 맺는 법을 배울 수 있는 내용의 책

저자: 폴리 던바 / 그림: 폴리 던바
출판사: 비룡소

아이에게는 스스로의 감정을 다스리는 방법과 부모에게는 아이가 감정을 스스로 조절할 수 있도록 돕는 방법을 알려주는 내용의 책

아이는 부모와의 관계를 통해서 세상을 배우고 부모와 친밀한 관계를 경험한 아이는 다른 사람들과 세상에 대해서도 긍정적인 기대를 하게 되지만 그렇지 못한 아이는 또래에게 관심이 별로 없거나 또래를 괴롭히거나 또래의 장난을 제대로 받아들이지 못하고 어떻게 대처할지 몰라 머뭇거리게 되므로 또래관계의 중요한 요소인 사회성의 바탕에는 부모와 아이의 관계가 중요한 역할을 해요.
부모는 아이가 사회성이 부족한 경우 또래를 사귀면 나아질 것이라 기대하고 유아교육기관에 아이를 보냈지만 가정에서 부모, 형제, 자매와 관계를 맺기 어려워하는 아이는 유아교육기관에서도 또래와 관계를 잘 맺지 못하고 힘들어하는 경우가 있어요.

우리 아이가 또래관계를 잘 형성하려면 가족들과의 친밀도를 높이는데 집중하여 아이가 긍정적인 자아상을 가질 수 있도록 칭찬하고 즐거운 경험을 하도록 도와주고 아이와 또래의 마음이 다를 수 있음을 이해하고 상대방의 입장에서 느끼고 생각할 수 있을 때 진정한 '또래관계'가 시작될 수 있으므로 아이가 또래와 만날 수 있는 기회를 많이 만들어주어 함께 놀면서 협력하고 갈등도 겪고 이를 해결해 가는 과정을 통해 아이는 친구와 함께하는 즐거움, 관계 맺기의 사회적 기술을 습득할 수 있도록 도와주세요.

아이는 싸우면서 성장하고 이러한 갈등을 통해 아이는 작은 사회를 경험하게 되며 이때 부모님은 아이가 어떻게 문제를 해결해 가는지 어떻게 의사소통하고 협상하는지 믿고 기다려주면 처음엔 어렵고 당황하겠지만 점차 자신만의 전략으로 갈등을 해결해 나가고 또래와 어울릴 줄 아는 사회성을 발휘해 나갈 수 있지만 아이가 상처받을까봐 부모님이 바로 바로 개입하게 되면 아이는 독립심이나 자율성보다는 의존성을 먼저 배울 수 있으니 아이가 스스로 해결할 수 있도록 인내심을 갖고 지켜봐 주세요.

참고문헌

김성여 (2016). 어머니의 언어통제 유형이 유아의 자기조절 능력 및 또래집단에서의 사회성에 미치는 영향. 숭실대학교 교육대학원 석사학위논문.
박찬옥, 곽현주, 서동미 (2023). **영유아발달**. 양성원.
경기도도서관 북매직 https://www.bookmagic.kr

| 동영상 |

책놀이로 사회성 배우기
https://www.youtube.com/watch?v=OaAcqxjAtlc
책놀이로 감정을 표현하기
https://www.youtube.com/watch?v=ypT0U8PQBmM
마시멜로 실험 https://www.youtube.com/watch?v=p0yJk1hYQ2Y

유경량 교육학 박사

건국대학교 대학원 교육학과 박사졸업
현, 고양보육교사교육원 전임교수
티처스 원격평생교육원 교수
강의 요청 및 상담: krryu69@hanmail.net

CHAPTER

10

꼬꼬무 아버지 양육의 힘

"지금은 아빠 육아의 전성시대"

들어가기

나는 좋은 아빠인가?

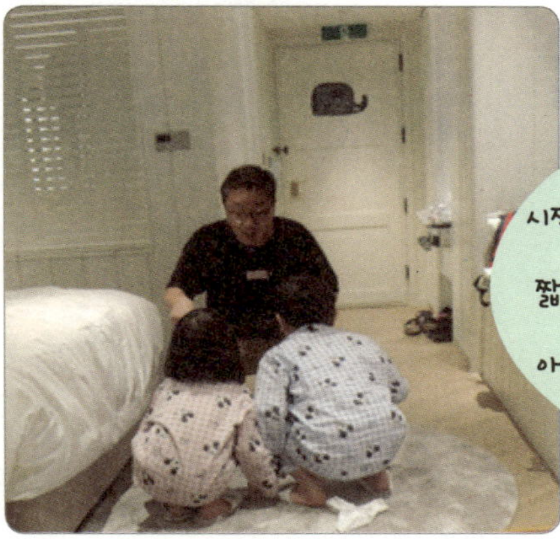

나는 좋은 아빠의 모습이고 싶은데,
시작은 좋았으나 금방 어려움을 느끼는 아빠의
역할에서 고민이 많으시죠?
짧은 시간이지만 아이들과 좋은 추억을 많이
만들고 정서를 나누고 싶은데,
아이들은 아빠의 마음을 몰라줄 때도 있어요.
어떻게 해야 할까요?

'어젯밤에 우리 아빠가 다정하신 모습으로 한 손에는 크레파스를 사가지고 오셨어요 음음'으로 시작하는 노래처럼 아이들과 정서를 함께 공감하는 아빠가 되고 싶은데 쉽지 않아요. 꼬리에 꼬리를 무는 좋은 추억을 아이들과 많이 만들고 싶은데...

아이가 성장하면서 아빠로서 아이들을 혼낼 일이 점점 더 많아지는 저 자신을 발견합니다. 아이들이랑 많은 시간을 함께하지도 못하는데, 처음의 시작은 좋다가 중간 즈음 되면 아이들에게 훈계를 하고 잔소리를 하고는 합니다. 그러다 보니 아이들과 관계도 서먹해지고.... 어떻게 해야 아빠의 사랑을 아이들에게 건강하게 전달해 줄 수 있을까요?

좋은 아빠가 되고 싶어요. 방법이 궁금해요~

나와 전혀 다른 개별적인 존재인 아이에게
아이의 '꿈'이 아닌 아빠의 '욕망'이
먼저 투영되지 않는지 생각해 보세요.
너무 크고, 먼 곳에서 아빠와의 관계 맺음을
생각하기보다 짧게라도 집중해서
놀아주는 눈맞춤과 신체적 접촉만으로
아이들은 아빠를 좋은 감정으로 기억하게
될 거예요. 서두르지 말고 차근이 좋은
아빠가 되기 위해 노력해 보아요.

인지선 교수님

살펴보기 아빠의 선택은 무엇인가?

'지금은 아빠 육아의 전성시대'

워킹대디가 늘어나고 있어요

예전의 엄격하고 무서운 아빠의 모습에서 밀레니얼 세대가 부모의 세대로 진입하면서 '아빠 육아'를 열심히 해내는 모습을 볼 수 있어요. 대한민국의 부모로 살

아가면서 현재 가장 많이 변화된 모습이 '아빠 육아'에 대한 인식이에요. 그래서인지 고용노동부의 자료에 따르면 2022년 육아휴직 신청을 한 워킹대디는 13만 1,037명으로 2016년 8만 9,771명과 비교하면 두 배 정도의 규모로 늘고 있어요.

하지만 이런 기사들을 접할 때마다 현실적으로 직장에서는 더 좋은 성과와 역량을 강요하고, 많은 매체에서 강조하는 좋은 아빠의 역할을 강조하는 현실에서 아빠의 마음은 더 조급하기만 해요.

워킹맘의 독박육아에서 워킹대디의 양육의 분업화가 필요한 시대에서 아빠의 역할에서 부족한 부분에 대한 조급함으로 불안해하기보다, 어떻게 하는 것이 좋은 아빠로 갈 수 있는지 각자 현재의 위치에서 함께 고민해 보기로 해요.

"슈퍼맨이 돌아왔다", "아빠 어디가", "금쪽같은 내 새끼" 등등 각종 육아 예능 프로그램을 시청하면서 많은 아빠들의 고민이 늘고 있어요. 경제적으로 저만큼 못해 주는 아빠로서의 내 삶과 너무 비교되어서, 현실적으로 자녀를 계획하는 것을 꺼려하는 것이 현재 대한민국의 현실이에요. 각종 예능에서 보여지는 아빠 연예인들의 모습이 오히려 좋은 아빠가 되고 싶은 현실 아빠들에게 더 어려움을 준다고 할 수 있어요.

아빠들이 꼭 육아휴직을 하면서 전적으로 돌보아주지 않아도 아이들은 아빠를 좋아해요. 아빠는 엄마와는 다른 매력이 있기 때문에 놀이에 있어서도 유아기가 되면 아빠를 기다리면서 아빠바라기가 되지요. 어떤 때에는 이런 아이들의 모습을 보면서 섭섭해하는 엄마도 있지만, 유아기가 되면 아빠와의 놀이나 생활을 통해 아이들은 성장해 갑니다. 아빠를 좋아하는 아이로 키우기 위해 우리 아빠들은 어떤 노력을 해야 할까요? 일단 우리 아이들이 무엇을 좋아하는지, 어떤 말을 듣고 싶은지 귀를 기울여 보시길 바랍니다.

다음은 5살 아이가 아빠가 출근하면 따라가겠다고 대성통곡을 하는 어느 가정의 이야기입니다.

진 : "아빠 어디 가?"
아빠: "아빠는 돈 벌러 회사 가."
진 : "그럼 나도 유치원 안 가고 돈 벌러 회사 갈래."
아빠: "그래 그래. 나중에 나중에 진이도 아빠랑 같이 회사 가자."
진 : "아니, 지금 아빠랑 같이 돈벌러 회사갈래. 엉엉엉~~"
(대성통곡)
엄마: (독박육아에 둘째까지 깨서 울어버리는 상황)
"제발 다 데리고 돈 벌러 회사 가."

QR Code로 알아볼까요?

밀레니얼 아빠

N 블로그

밀레니얼 아빠들의 육아법 '아이도 키우고 부모도 성장한다' (...

blog.naver.com

블로그 밀레니얼 아빠들의 육아법 '아이도 키우고 부모도 성장한다.

Q1 무관심한 아빠는 싫어요

아빠 육아 참여의 중요성과 역할에 대한 변화는 이루어지고 있느냐, 실제 아빠들 대부분은 자신의 자녀에 대한 이해와 정보들이 부족한 상황이어서 그 역할 수행에 어려워하고 있어요. 특히 원 부모에 대한 양육 방법이 현재 바라는 아빠의 상과는 거리가 있어서 어려움이 더 큽니다. 실제 최근에 '자녀와의 대화법'을 다룬 책이 호응을 얻은 것을 보면, 아빠들도 아이들과 소통을 하면서 정서적 지원하면서 함께 놀이하고 싶은데, 어떻게 반응해야 하고 의사소통 자체를 어려워하고 있어요. 훈계를 하고 충고를 하면 아이들과 멀어져가는 아빠가 되고, 아이와 함께하는 시간은 적은데, 어떻게 유아기의 아이들과 대화해야 할지 난감한 아빠들은 유투브 등을 찾아보지만, 너무나 현실과 먼 자신의 모습과 비교되어 그냥 포기하게 되거든요. 이처럼 아빠들은 양육에 관한 고민이나 경험, 정보 등을 함께 나눌 곳이 없어 양육 정보를 얻기가 힘들고, 그래서 자녀를 양육하는 것이 더 힘들다고 합니다(폴킴, 2019).

"내가 만약 지금 다섯 살이라면 나는 나의 아빠에게 어떤 도움을 청할까", "나는 아빠가 어떤 말을 해주면 좋을까? 내가 유아기의 아이라면 나의 아빠는 나에게 어떠하기를 바라는지를 한번 생각해 보자." '말로도 때리지 말라'라는 말이 있듯이, 특히 아빠의 말은 유아기 아이들에게 큰 상처를 남길 수 있어요. 무심히 아이의 마음에 공감하지 못하는 아빠의 말은 아이들에게 마음의 상처로 남아 신체에도 영향을 미치게 되지요. 내가 나의 아버지에게 받은 엄격한 대화법이 아닌, 공감하고 다가가는 21세기의 아빠의 언어를 사용하도록 노력해 보아요.

놀아주지 않는 아빠

QR Code로 영상을 시청해 볼까요?

동영상 아빠가 금쪽이랑 놀아주지 않은 이유, 아빠의 문제는?

그러면, 아빠로서 나의 효능감은 어떠한지 살펴볼까요? 아빠의 역할 수행에서 자녀를 잘 양육하고 훈육하면서 아이와의 관계에서 문제가 발생해도 잘 해결할 수 있다는 부모로서 자신에 대한 점검을 의미해요. 다시 말하면 아빠 스스로의 능력에 대한 믿음을 뜻하며, 이러한 아빠 역할에 대한 자신감과 신념은 실제로 아빠 역할에 긍정적인 방향으로 자녀양육과 연관된 어려움을 잘 해결할 수 있도록 도와줍니다. 어떤 아빠가 되고 싶으신가요?

할아버지의 재력, 아빠의 무관심, 엄마의 정보력이 아이의 성공요건이라고 이야기하던 시대는 지나갔어요. 이때의 관심은 집착이 아니라 함께 같은 방향을 바라보는 거예요. 다음에 질문에 차근히 나의 부모 역할에서의 아빠 효능감을 체크해 보세요. 스스로 아빠로서 어떻게 생각하는지를 알고자 하는 것입니다.

	문항	전혀 그렇지 않다	별로 그렇지 않다	보통 이다	대체로 그렇다	정말 그렇다
1	나는 나의 행동이 아이에게 어떻게 영향을 미치는지 잘 알고 있다.	①	②	③	④	⑤
2	나는 아이를 돌보는 데 있어 유능하다고 생각한다.	①	②	③	④	⑤
3	나는 아이가 무엇을 힘들어 하는지 누구보다도 잘 알고 있다.	①	②	③	④	⑤
4	나는 아이가 현재 보이고 있는 수준이 그 나이에는 그럴 수 밖에 없다는 것을 알면서도 짜증이 난다.	①	②	③	④	⑤
5	내가 아이를 가르치고 이끌어 주려고 해도, 아이가 내 뜻대로 잘 따라오지 않아 좌절감을 느낀다.	①	②	③	④	⑤

	문항	전혀 그렇지 않다	별로 그렇지 않다	보통이다	대체로 그렇다	정말 그렇다
6	나는 좋은 부모가 될 수 없을 것 같아 걱정이다.	①	②	③	④	⑤
7	나는 다른 사람들이 나로부터 좋은 부모역할을 배울 수 있는 괜찮은 모델이라고 생각한다.	①	②	③	④	⑤
8	나는 아이와의 관계에서 생기는 문제를 잘 다룬다.	①	②	③	④	⑤
9	나는 아이가 나를 좋은 부모라고 보는지에 대해 자신이 없다.	①	②	③	④	⑤
10	나는 부모로서 아무것도 이룬 것이 없다고 느낀다.	①	②	③	④	⑤
11	나는 아이가 잘못했을 때, 아이 자신이 잘못한 점을 깨달을 수 있도록 잘 설명하고 지도한다.	①	②	③	④	⑤
12	나는 부모로서 해야 할 일을 잘하고 있다.	①	②	③	④	⑤
13	나의 흥미와 관심은 부모역할이 아닌 다른 분야에 있다.	①	②	③	④	⑤
14	내가 부모가 되는 것에 조금이라도 더 흥미가 있다면, 나는 지금보다는 좀 더 나은 부모가 될 수 있을 것이다.	①	②	③	④	⑤
15	나는 좋은 부모가 되는 데 필요한 지식과 방법을 잘 알고 있다.	①	②	③	④	⑤
16	부모로서 나는 긴장하고 있으며 불안하다.	①	②	③	④	⑤

한 가정의 이야기를 들어볼까요?

> 저희집 남편은 너무 아이들에게 관심이 없어요.
> 제가 아무리 신신당부를 하고 외출하여도 본인이 낮잠 자고 싶을 때 아이들에게 유튜브를 2~3시간씩 보여주고, 밥도 잘 안 챙겨 먹입니다. 외출해서 돌아오면 아이들은 배고프다고 징징거리며, 제가 그때서야 차려주면 허겁지겁 먹기 시작해요.
> 저는 가능하면 미디어에 노출 안 시킬려고 책읽어주기, 자전거 타기 등 노력을 하는데, 허무하기까지 합니다. 내가 없을 때는 무조건 티비, 게임 등을 무한정 허락해 주니, 어떨 때는 남편이 없는 게 아이들의 교육에는 더 좋을 것 같다는 생각도 듭니다.
> 도서관이나 놀이터에 가면 함께 해주는 아빠들도 많던데... 저희 남편은 왜 이럴까요?

아빠들은 아빠의 역할에서 잘하지 못하는 것에는 본능적으로 포기하는 성향이 있어요. 원시사회의 사냥하던 기질을 가지고 있어 자신이 사냥이나 대처를 잘 못하면 진다고 생각하여 본능적으로 불안을 가지고 있어요. 그러므로 잘 모르는 것에는 불안해하고 불편해합니다.
다른 사람의 일은 적극 도와주면서 우리 자녀의 일에는 무관심한 남편의 모습이라면 아빠의 역할을 잘 몰라서 그런 겁니다.
"당신이 아이들에게 관심이나 있어?"라고 비난하기보다 아빠가 할 수 있는 명확한 역할을 알려주어야 해요. 다른 집 아빠는 잘하는 모습을 보고 비난하기보다 그 "잘"하는 역할을 구체적으로 말해주어야 합니다. 자꾸 비난하고 비교하면 아이와 둘만이 남겨지면 어떻게 해야 할지 모르는 아빠의 모습에 아이도 불안해 하게 되면서 떼를 쓰는 아이의 모습도 만나게 됩니다.

모호하고 막막한 상황이 아닌, "아이가 병원놀이 좋아하니까, 병원놀이를 함께 해보는 게 어때? 그런데 우리 아이는 의사선생님 역할을 좋아해"하고 구체적으로 아이가 좋아하는 것, 놀이법 등을 차근히 알려주세요.

아빠들도 오늘부터 우리 아이가 어떤 걸 좋아하는지 알아가면서 아이와의 생활 영역을 넓혀가시길 바랍니다.

Q2 찐하게 통하는 아빠

아버지 이펙트

QR Code로 영상을 시청해 볼까요?

동영상 엄마가 발휘할 수 없는 아버지 이펙트

어떤 아빠가 되고 싶으세요? 라는 질문에 대부분의 아빠들은 '친구 같은 아빠'가 되길 희망한다고 해요. 친구 같은 아빠의 모습을 원하는 마음을 들여다보면 서로가 이심전심으로 잘 통하는 아빠가 되기를 희망하는 것입니다. 아빠의 모습을 찾아가는 것, 아빠의 역할을 알아가는 것! 이것이 바로 아빠로서 성장하는 첫걸음입니다.

엄마와 아빠가 육아에 동등하게 참여해야 하지만, 아빠가 엄마 같은 아빠가 되는 것은 아닙니다. 아빠는 아빠로서의 역할이 있고, 엄마는 엄마로서의 역할이 있으며 이들의 역할이 서로 같은 곳을 바라보며 함께 성장하는 것이지요.

부성본능

QR Code로 영상을 시청해 볼까요?

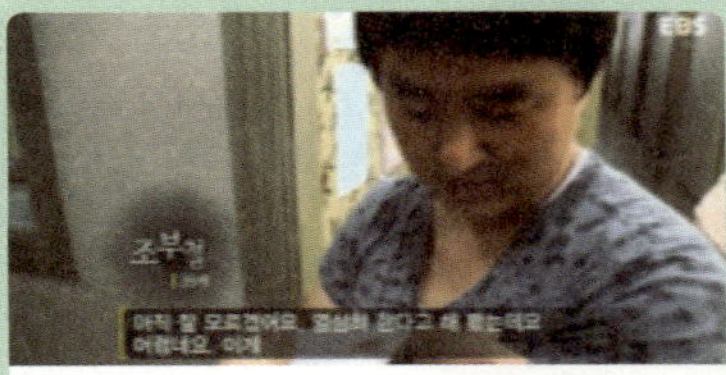

EBS 다큐프라임 - Docuprime_아버지의 성 1부-...

동영상 부성 본능의 불이 켜지다

Q3 좋은 아빠가 되어가는 중입니다

아빠로서 나는 몇 점일까?

점수는 1점에서 5점까지입니다. 해당 내용에 대해 '매우 그렇다'면 5점, '그렇다' 4점, '보통이다' 3점, '그렇지 않다' 2점, '전혀 그렇지 않다' 이면 1점을 주면 됩니다.

- 아이의 예방접종 시기를 기억한다.
- 아이가 자주 가는 병원, 약국, 놀이시설에 익숙하다.
- 아이와 공원, 놀이시설 등에 같이 간다.
- 하루 종일 아이와 둘만 있어도 불안하지 않고 아이를 잘 돌본다.
- 아이가 좋아하는 장난감과 놀이를 알고 있다.
- 지난 생일, 크리스마스 때 아이가 어떤 선물을 받았는지 기억한다.
- 아이가 먹을 음식을 스스로 준비할 수 있다.
- 아이가 좋아하는 TV 프로그램을 알고 있다.
- 아이에게 책을 읽어준다.

출처: 여성가족부(2014). 부모교육매뉴얼.

자, 점수를 계산해 보셨나요? 내 아이에 대한 관심, 그리고 아이와 함께 보내는 시간이 많은 아빠라면 점수가 높게 나왔을 거예요. 단, 이 점수는 절대적인 것은 아니에요. 내가 유아기 자녀를 둔 아빠로서 평소 내 아이의 일상생활에 얼마나 관심을 가지고 있었나를 살펴보는 지표라고 생각하시면 됩니다. 바꾸어 말하면, 점수가 낮게 나온 아빠라면 관심을 더 가져야겠다라는 마음을 가지시면 되겠죠?

| 아이와 함께 노는 방법을 공부해야 해요 |

좋은 부모가 되기 위해서는 공부가 필요해요. 특히 유아기에는 놀이를 통해 세상을 배우고, 아빠와의 관계가 가까워질 수 있게 하기 위해서는 아이와의 놀이를 어떻게 하면 잘할 수 있는지 배워야 합니다.

아무리 아이를 사랑해도 잘 놀아주지 못하는 아빠가 많아요. 또한 처음에는 잘 놀다가 짜증으로 마무리되는 경우도 많습니다.

평소에 시간적 여유가 없는 아빠라면, 놀이시간을 스케줄을 잡아 계획하는 것이 좋아요. 이때 계획은 아이와 함께 계획하고, 한번 시간을 계획했으면 가급적 꼭 지켜야 해요. 바로 이것이 아빠에 대한 신뢰감을 가질 수 있는 방법입니다.

달력에다 '아빠와 놀이시간'이라고 크게 적어 놓고 동그라미를 그려주세요. 긴 시간이 아니라 30분 정도의 계획된 놀이가 아빠와 아이의 관계를 긍정적으로 바꾸어줄 거예요.

| 내 아이의 장점 노트 |

인간의 뇌는 긍정적인 면보다 부정적인 면을 더 오래 기억한다고 해요. "내가 너 또 그럴 줄 알았어"라는 말은 아이가 잘한 행동보다는 잘못한 행동에 더 자주 사용하는 말입니다.

아이들은 엄마보다 특히 아빠의 부정적인 말에 더 서운해하고 상처를 많이 받아요. 이런 아빠의 부정적인 말은 아이의 가슴에 원망을 내재화하여 아빠와 자녀 간의 관계를 더 악화시킵니다. 말이 행동을 지배하듯이, 아이의 긍정적인 면을 더 자주 말로 이야기해 주세요.

예쁜 색깔의 종이를 펼쳐두고, 내 아이의 좋은 점 10가지를 적어 보세요. 그리고 그 종이를 내가 자주 볼 수 있는 곳에 붙여두세요.

그리고 내 다이어리에는 아이의 좋은 점을 적어두는 것입니다. 매일 매일의 기록이 아니더라도 가능하면 아이의 좋은 점을 적도록 노력해 보세요. "오늘은 숟가락을 안 떨어뜨리고 밥을 먹음", "웃으면서 인사함" 등 아주 사소한 것이라도 메모를 해두시고, 아이에게 칭찬의 말도 함께 해 주세요.

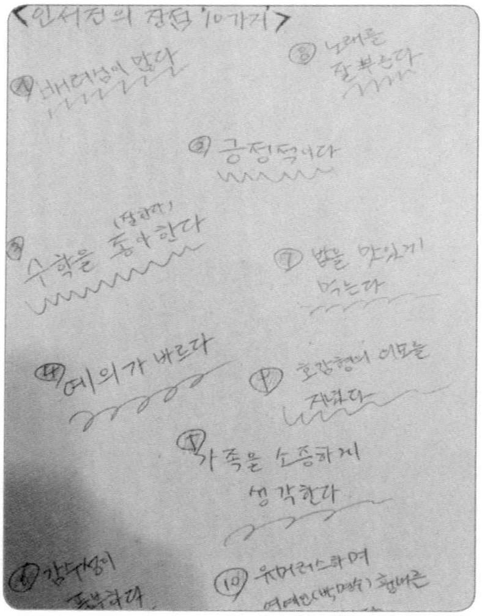

이러한 것이 차곡차곡 저축되어 아빠가 바라는 훌륭한 아이로 성장하게 됩니다.

QR Code로 영상을 시청해 볼까요?

아빠들의 놀이방법

동영상 아이들과 놀이하는 게 서툰 아빠들의 놀이 방법

나의 아이 장점을 10가지 적어 볼까요?

1	2	3	4	5
6	7	8	9	10

좋은 아빠가 되기 이전에 나의 아버지를 떠올려보세요. 아버지와 함께한 시간은 얼마나 되세요? 좋은 아빠 되기와 좋은 아들 되기는 계속되어가는 중입니다.

QR Code로 영상을
시청해 볼까요?

아빠와 함께한 계절

지식채널e - 아빠와 함께한 계절
지식채널e - 아빠와 함께한 계절...

동영상 아빠와 함께한 계절

Q4 단단한 아빠가 단단한 아이로 키워요

좋은 아빠가 되려면, 아빠가 단단해져야 해요

유아기의 아이들은 아빠와의 관계를 통해 세상을 살아가는 관계를 배웁니다. 아빠가 시시때때로 감정이 변해, 감정으로 아이들을 양육한다면 아이들은 새로운 만남의 관계 형성에서 불안해합니다. 아빠도 감정이 있음을 알려주고, 아이도 희.로.애.락의 감정을 언어로 표현할 수 있게 해주세요. 유아기를 지날 때 배운 감정의 표현은 다음 단계를 넘을 수 있는 힘이 됩니다. 부정적인 감정도 한계설정을 통해 표현해 나가면 내면의 힘도 단단히 길러집니다.

QR Code로 영상을 시청해 볼까요?

내면의 힘 기르기

부모가 아이의 '행복한 감정'만을 취사선택해 줄 수는 없다! 내면...

동영상 부모가 아이의 '행복한 감정'만을 취사선택해 줄 수는 없다! 내면의 힘을 기르는 방법

QR Code로 영상을 시청해 볼까요?

당신이 화내는 이유

당신이 화내는 진짜 이유 1부 원초적 본능, 화의 비밀_#001

동영상 당신이 화내는 진짜 이유 원초적 본능, 화의 비밀

함께하기 더불어 살아가는 아빠

우리 아이들에게 세상과 함께 더불어 사는 힘을 길러주기 위해서는 아빠가 앞장서서 다른 사람과 함께 하는 모습을 많이 보여주셔야 해요. 딸은 이런 아빠의 모습에서 배우자의 상을 만들어가고, 아들은 이런 관계성의 모습을 통해 건강한 세상을 함께 만들어가는 힘을 기릅니다. 아빠들은 아파트 경비원 아저씨께 인사를 나누시나요? 길거리에서 부탁을 받은 사람에게 배려의 눈길로 도움을 주시나요?

함께 하지 않으면

QR Code로 영상을 시청해 볼까요?

함께하지 않으면 알 수 없는 것들 | 홍성원 홍원기 아빠, '내 새끼...

동영상 함께 하지 않으면 알 수 없는 것들

참고문헌

여성가족부(2014). 부모교육매뉴얼.

폴킴(2019). **나는 워킹맘 남편입니다: 살림하는 남자, 아이 키우는 아빠**. 오디언소리.

| 동영상 |

놀아주지 않는 아빠 https://tv.zum.com/play/1792392

부성본능 https://youtu.be/bZlnX-ALvdE

부정적 감정 표현하기 https://youtu.be/27lfAcjCLuA

아버지이팩트 https://youtu.be/VefTxGbPqL4

아빠와 함께 한 계절 https://youtu.be/R34j7zObB-0

함께 하지 않으면 안될 것들 https://youtu.be/jjK00xm0o-M

화내는 진짜 이유 https://youtu.be/RnRKSy_9k8A

| 블로그 |

밀레니얼 아빠들의 육아법 '아이도 키우고 부모도 성장한다.
https://blog.naver.com/beinggrace/222392108985

인지선 유아교육학과 교수

성신여자대학교 대학원 유아교육학과 박사수료
현, 경기도북부육아종합지원센터 부모교육 전문 강사
부모, 인성교육 전문 강사
강의 요청 및 상담: 3xjin@hanmail.net

저자약력

김진욱

서울대학교 대학원 아동학 박사
현, 명지대학교 아동학과 교수
저서: 보육정책론, 만 0~5세 학급운영 내비게이션 등 다수

이미애

명지대학교 대학원 아동학 박사
현, 서울시 마포구 육아종합지원센터 센터장
저서: 보육정책론, 만 0~5세 학급운영 내비게이션 등 다수

안명옥

명지대학교 대학원 아동학 박사
현, 한국방송통신대학교 외부강사, 나알자알 연구소장
저서: 영아발달놀이활동 지침서, 보육교직원 보수교육 교재 등 다수

강은희

명지대학교 대학원 아동학 박사
현, 서울테크노파크 친친어린이집 원장
저서: 보육교직원 보수교육 교재 등 다수

강은영

명지대학교 대학원 아동학 박사
현, 시립은계행복어린이집 원장
저서: 만 0~1세 학급운영 내비게이션 등 다수

허현정

명지대학교 대학원 아동학 박사
현, 명지대학교어린이집 원장
저서: 보육학개론, 보육교직원 보수교육 교재 등 다수

이미숙

명지대학교 대학원 아동학 박사
현, 시립꿈마루어린이집 원장
저서: 만 0~1세 학급운영 내비게이션 등 다수

김현진

명지대학교 대학원 아동학 박사
현, 서영대학교 유아교육과 외래교수
저서: 보육교직원 보수교육 교재 등 다수

이정미

상명대학교 행정학(사회복지전공) 박사
현, 구립 한빛어린이집 원장
저서: 다함께프로그램 사례집, 교사가 행복한 어린이집 만들기 등 다수

유경량

건국대학교 대학원 교육학 박사
현, 고양보육교사교육원 전임교수
저서: 만 4~5세 학급운영 내비게이션, 놀이지도 등 다수

인지선

성신여자대학교 대학원 유아교육과 박사수료
현, 경기도북부육아종합지원센터 부모교육 전문 강사
저서: 취업진로, 만 4~5세 학급운영 내비게이션 등 다수

FUNFUN한 **MZ부모 내비게이션 2** – 유아편

1판 1쇄 인쇄 2025년 3월 25일
1판 1쇄 발행 2025년 3월 30일

지 은 이 | 김진욱, 이미애, 안명옥, 강은희, 강은영, 허현정, 이미숙, 김현진, 이정미, 유경량, 인지선
발 행 인 | 박철용
발 행 처 | 양서원
주 소 | 경기도 파주시 직지길 522 파주출판도시
전 화 | 031-955-8000(代)
팩 스 | 031-955-8005
홈페이지 | www.yswpub.co.kr
이 메 일 | yswgroup@naver.com
출판등록 | 1987년 11월 24일 제406-2003-037호

ISBN 978-89-994-1539-5

정가 18,000원